REBOQUISMO E DIALÉTICA

György Lukács em Moscou, década de 1930.

GYÖRGY LUKÁCS
REBOQUISMO E DIALÉTICA

Uma resposta aos críticos de *História e consciência de classe*

Tradução, comentários e notas: **Nélio Schneider**
Revisão técnica: **Ronaldo Vielmi Fortes**

Copyright © Boitempo Editorial, 2015
Copyright © The Estate of György Lukács, 2014

Tradução do original alemão *Chvostismus und Dialektik* (Budapeste, Áron, 1996), edição da revista *Magyar Filozófiai Szemle* a cargo de László Illés

Coordenação editorial	Ivana Jinkings
Coordenação da Biblioteca Lukács	José Paulo Netto e Ronaldo Vielmi Fortes
Edição	Isabella Marcatti
Assistência editorial	Thaisa Burani
Coordenação de produção	Livia Campos
Tradução, comentários e notas de rodapé	Nélio Schneider
Preparação	Thais Rimkus
Revisão técnica	Ronaldo Vielmi Fortes
Revisão	Frederico Ventura e André Albert
Capa	David Amiel
Diagramação	Antonio Kehl

Equipe de apoio
Allan Jones, Ana Yumi Kajiki, Artur Renzo, Bibiana Leme, Elaine Ramos, Giselle Porto, Ivam Oliveira, Kim Doria, Leonardo Fabri, Marlene Baptista, Maurício Barbosa, Renato Soares, Thaís Barros, Tulio Candiotto

CIP-BRASIL. CATALOGAÇÃO NA PUBLICAÇÃO
SINDICATO NACIONAL DOS EDITORES DE LIVROS, RJ

L98r

Lukács, György, 1885-1971
Reboquismo e dialética : uma resposta aos críticos de 'História e consciência de classe' / György Lukács ; tradução Nélio Schneider ; Michael Löwy ; Nicolas Tertulian. - 1. ed. - São Paulo : Boitempo, 2015.
(Biblioteca Lukács)

Tradução de: Chvostismus und dialektik
ISBN 978-85-7559-464-3

1. Socialismo. 2. Filosofia marxista. I. Löwy, Michael. II. Tertulian, Nicolas. II. Título. IV. Série.

15-26989	CDD: 335.4
	CDU: 330.85

É vedada a reprodução de qualquer parte deste livro sem a expressa autorização da editora.

Este livro atende às normas do acordo ortográfico, em vigor desde janeiro de 2009.

1ª edição: novembro de 2015

BOITEMPO EDITORIAL
Jinkings Editores Associados Ltda.
Rua Pereira Leite, 373
05442-000 São Paulo SP
Tel./fax: (11) 3875-7250 / 3875-7285
editor@boitempoeditorial.com.br
www.boitempoeditorial.com.br | www.blogdaboitempo.com.br
www.facebook.com/boitempo | www.twitter.com/editoraboitempo
www.youtube.com/imprensa.boitempo

A Biblioteca Lukács

Desde 2010, a Boitempo desenvolve sistematicamente o projeto de publicação das obras de György Lukács (1885-1971). O diferencial dessas edições, em face das anteriores de textos lukacsianos em português, não se reduz ao esmero da apresentação gráfica nem ao cuidado na escolha de especialistas para a redação dos subsídios (prefácio, posfácio, texto para as orelhas e para a quarta capa dos volumes) oferecidos ao público. O diferencial consiste na *tradução – com revisões técnicas – que se vale dos originais alemães*, devidamente autorizada pelos detentores dos direitos autorais.

A Boitempo não se propõe entregar ao leitor de língua portuguesa as *obras completas* de Lukács, como também não ambiciona elaborar – no sentido estrito – edições críticas. O projeto em curso ousa oferecer o *essencial* do pensamento lukacsiano em traduções confiáveis e dignas de crédito, posto que se conhecem a complexidade e a dificuldade da tarefa de verter textos tão densos, substanciais e polêmicos.

Agora, aos livros anteriormente publicados (*Prolegômenos para uma ontologia do ser social*, 2010; *O romance histórico*, 2011; *Lenin* e *Para uma ontologia do ser social I*, 2012; e *Para uma ontologia do ser social II*, 2013), junta-se este *Reboquismo e dialética*, que inaugura uma nova fase do projeto, batizado como Biblioteca Lukács.

Verifica-se como, ao cabo de meia década, com o trabalho de tradutores de competência comprovada, de revisores técnicos de alto nível e com subsídios de intelectuais destacados, vem avançando a missão de divulgação para o leitor brasileiro do pensamento daquele que foi o maior filósofo marxista do século XX. E a Boitempo, empenhada em alcançar seu objetivo, acaba de reforçar a equipe responsável pela Biblioteca Lukács, com a colaboração permanente dos professores José Paulo Netto (coordenador) e Ronaldo Vielmi Fortes (coordenador adjunto).

Sumário

Nota editorial 11

Prefácio – Dialética revolucionária *versus* "reboquismo" 13
Michael Löwy

    O elo perdido: a resposta de György Lukács a seus críticos 13

    Apologia da subjetividade revolucionária 17

Apresentação à edição húngara (1996) 25
László Illés

Nota do editor húngaro 29
László Illés

Reboquismo e dialética 33

    I. Problemas da consciência de classe 34

        1. Subjetivismo 34

        2. Atribuição 50

        3. Os camponeses como classe 74

    II. Dialética na natureza 82

        1. Metabolismo com a natureza 85

        2. Categorias simples e categorias superiores na dialética 97

3. Uma vez mais: metabolismo com a natureza 102
4. Para nós e para si 107

Posfácio – Avatares da filosofia marxista 129
Nicolas Tertulian

Obras de György Lukács publicadas no Brasil 147

Biblioteca Lukács... 150

Nota editorial

A forma do texto original foi preservada em quase todos os aspectos. Seguindo a edição húngara, optamos por incluir ao longo do texto a discriminação das páginas do manuscrito original. Como adverte o editor László Illés, a demarcação das páginas ajuda a compreender o caráter de esboço preliminar e incompleto do texto.

Os acréscimos feitos pelo tradutor encontram-se sempre em notas de rodapé numeradas sequencialmente (o texto original não tem notas, de modo que são todas do tradutor). Os únicos elementos inseridos diretamente no texto pelo tradutor foram a tradução, entre colchetes, dos títulos das obras e revistas citadas e a tradução de expressões em línguas estrangeiras, bem como alguns dados nas referências bibliográficas, como os indicadores "cit." ou "ibidem".

As referências que aparecem no corpo do texto, entre parênteses, são do próprio Lukács e seguem o padrão adotado pelo autor. Ainda que por vezes haja incoerências nessas notações, optamos por preservá-las para, mais uma vez, explicitar o caráter do original.

Na pesquisa bibliográfica, procurou-se sempre localizar a edição provavelmente usada por Lukács, ou seja, anterior a 1926 (data aproximada da redação do original). Quando não foi possível localizar tal edição, recorreu-se às coleções e edições posteriores (particularmente no caso de Lenin).

Cabe uma observação quanto à tradução do termo *Moment*, que na língua alemã pode assumir tanto a acepção de "momento" quanto de "fator" ou "elemento". O primeiro caso indica o sentido de "temporalidade", enquanto o segundo remete à ideia de "causação" ou "determinação", portanto, de um "fator" que provoca efeitos específicos no interior de um processo. Os dois casos ocorrem no texto, no entanto, na maior parte das vezes o sentido é de "fator", como, por exemplo, na expressão *subjektive Moment*, traduzida por "fator subjetivo".

Em relação à tão debatida tradução para o português da expressão *Aufhebung*, sem menosprezar a importância da discussão, optamos por vertê-la, em todas as ocorrências, por "superação". Essa advertência se faz necessária para destacar a provável proximidade do uso do termo feito por Lukács da acepção conceitual hegeliana.

Prefácio
Dialética revolucionária *versus* "reboquismo": a resposta de Lukács à crítica a *História e consciência de classe**

O elo perdido: a resposta de György Lukács a seus críticos

*História e consciência de classe*** (1923) certamente é a obra filosófica mais importante de György Lukács e um escrito que influenciou o pensamento crítico no decurso do século XX. Um dos aspectos essenciais do livro, ao lado do método dialético, é o lugar central ocupado pela *dimensão subjetiva* da luta revolucionária: a consciência de classe. De fato, as duas dimensões estão diretamente vinculadas: uma compreensão dialética de história e política leva necessariamente a uma abordagem dialética da relação "sujeito-objeto", que substitui a interpretação materialista vulgar e unilateral do marxismo, na qual apenas as "condições objetivas", o nível de desenvolvimento das forças produtivas ou a crise econômica capitalista desempenham um papel decisivo na determinação da questão dos processos históricos. Nenhuma outra obra daqueles anos foi capaz de oferecer uma legitimação tão poderosa e filosoficamente sofisticada do programa comunista. No entanto, longe de receber as boas-vindas nos quartéis comunistas oficiais, ela foi recebida com um intenso

---

* Este texto, com o título "Revolutionary dialetics against 'tailism': Lukács' answer to the criticisms of *History and Class Consciousness*", foi originalmente publicado em M. J. Thompson (org.), *Georg Lukács reconsidered* (Londres/Nova York, Continuum, 2011), p. 65-73. Cedido à presente edição pelo autor, foi traduzido do inglês por Nélio Schneider.

** György Lukács, *Geschichte und Klassenbewußtsein. Studien über marxistische Dialektik* (Berlim, Malik, 1923). Ed. bras.: *História e consciência de classe: estudos sobre a dialética marxista* (trad. Rodnei Nascimento, São Paulo, WMF Martins Fontes, 2003). (N. E.)

bombardeio crítico logo após sua publicação em 1923. Não houve expulsões – tais práticas ainda não eram possíveis no início da década de 1920 –, mas era óbvio que a espécie de dialética revolucionária representada por *História e consciência de classe* dificilmente seria aceita pela *doxa* filosófica dominante do Comintern. Por muitos anos, estudiosos e leitores se perguntaram por que Lukács nunca respondeu a esses comentários críticos. É verdade que, na década de 1930, ele escreveu diversas avaliações "autocríticas" de seu livro, rejeitando-o como um texto "idealista". Mas não existe nenhuma evidência de que ele tenha compartilhado esse ponto de vista já no início da década de 1920: pelo contrário, pode-se supor, por exemplo, a partir de seu livro sobre Lenin, de 1924, ou de seus comentários críticos a Bukharin, de 1925, que ele *não* havia renegado sua perspectiva filosófica.

A descoberta, em meados da década de 1990, de *Chvostismus und Dialektik* [*Reboquismo e dialética*], no arquivo unificado do Comintern e do Arquivo Central do Partido Comunista da União Soviética, mostra que esse "elo perdido" existiu: Lukács *respondeu*, sim, e de modo bem explícito e vigoroso a esses ataques, e defendeu as principais ideias de seu brilhante trabalho hegeliano-marxista de 1923. Pode-se considerar essa resposta como seu último escrito ainda inspirado pela abordagem filosófica geral de *História e consciência de classe*, pouco antes de ocorrer uma guinada importante em sua orientação teórica e política.

O manuscrito em língua alemã foi publicado em Budapeste pela editora Áron, da revista *Magyar Filozófiai Szemle*, em 1996, e traduzido para o inglês pela Verso (Londres) no ano 2000 sob o título *Tailism and the dialectics*. László Illés, o editor húngaro da versão original, acredita que ele tenha sido escrito em 1925 ou 1926, "concomitantemente às significativas resenhas sobre a edição de Lassalle e os escritos de Moses Hess"*. Penso que 1925 seja uma suposição mais acurada, pois não havia razão para que Lukács esperasse dois anos para responder a críticas publicadas em 1924 – o estilo do documento sugere, antes, que a resposta tenha sido imediata. Porém, acima de tudo, não acredito que ele seja contemporâneo do artigo sobre Moses Hess (1926), pela boa razão de que esse artigo, como tentarei mostrar mais adiante, tem uma orientação filosófica básica estritamente oposta à do ensaio descoberto postumamente.

---

* Ver, neste volume, a "Apresentação à edição húngara", p. 25. (N. E.)

Cientes agora de que Lukács achou necessário apresentar uma defesa de *História e consciência de classe* contra seus críticos comunistas "ortodoxos" – ele nunca se deu ao trabalho de responder aos sociais-democratas –, a questão óbvia, curiosamente não levantada pelos editores (tanto da edição húngara quanto da edição inglesa), é: *por que ele não a publicou?* Vislumbro três possíveis respostas a essa pergunta:

1) Lukács temia que sua resposta pudesse provocar uma reação de organismos soviéticos ou do Comintern, que viessem a agravar seu isolamento político. Não penso que essa seja uma explicação plausível, não só porque em 1925 – à diferença de 1935 – ainda havia espaço para discussão no movimento comunista, mas sobretudo considerando que, em 1925, ele publicou uma dura crítica à "sociologia marxista" de Bukharin, que tem muitos pontos em comum com *Reboquismo e dialética*[1]. Obviamente Bukharin era uma figura muito mais importante no movimento comunista do que Rudas ou Deborin, e, não obstante, Lukács não teve receio de submetê-lo a crítica pesada.

2) Lukács tentou publicar a resposta, mas não foi bem-sucedido. Uma hipótese possível é que ele a tenha enviado a um órgão de publicação soviético – por exemplo, *Pod Znamenem Marxisma* [Sob a bandeira do marxismo], no qual Deborin publicara um ataque contra ele em 1924 –, mas o ensaio foi recusado porque os editores tomaram o partido de Deborin. Isso explicaria por que o manuscrito foi encontrado em Moscou e – talvez – também por que Lukács usou a palavra russa "*Chvostismus*", conhecida somente dos leitores russos. Pode ser também que o ensaio fosse longo demais para ser publicado em uma revista e muito curto e polêmico para aparecer como livro.

3) Algum tempo depois de escrever o ensaio – poucos meses ou talvez um ano depois –, Lukács começou a ter dúvidas e, por fim, mudou de opinião e deixou de concordar com a orientação política e filosófica do escrito. Esta hipótese, por sinal, não contradiz necessariamente a anterior.

Quanto ao silêncio de Lukács a respeito desse documento durante os anos seguintes, ele pode ser explicado pela nova orientação "realista" inaugurada com o artigo sobre Moses Hess, de 1926 – o qual será discutido mais adiante –,

---

[1] A resenha crítica de Lukács à *Theorie des historischen Materialismus* [Teoria do materialismo histórico] de Bukharin foi publicada na revista *Archiv für die Geschichte des Sozialismus und der Arbeiterbewegung* [Arquivo de História do Socialismo e do Movimento dos Trabalhadores], editada por Carl Grünberg, em 1925.

16 | Prefácio

sem mencionar sua rejeição – particularmente após a década de 1930 – de *História e consciência de classe*, ao considerá-lo um livro "idealista" e até "perigoso".

Reboquismo e dialética é, como dá a entender seu título, um ensaio em defesa da dialética revolucionária, uma resposta polêmica a seus principais críticos comunistas oficiais: László Rudas – um jovem intelectual comunista húngaro – e Abram Deborin – um ex-menchevique e seguidor de Plekhanov, que tardiamente se juntou aos bolcheviques; ambos representavam, no interior do movimento comunista, um ponto de vista influente e poderoso de cunho semipositivista e não dialético[2].

Não obstante seu notável valor nesse tocante, o ensaio de Lukács apresenta, a meu ver, algumas deficiências sérias.

A mais óbvia é a de ser uma polêmica contra autores de segunda categoria. Por si só, isso não é uma questão significativa: o próprio Marx não discutiu extensamente os escritos de Bruno e Edgard Bauer? No entanto, em certa medida, Lukács adotou a agenda proposta por seus críticos e limitou sua resposta aos problemas que eles levantaram: consciência de classe e dialética da natureza. O primeiro ponto certamente é uma questão essencial na dialética revolucionária, o que não se pode dizer do segundo. É difícil perceber a relevância filosófico-política das muitas páginas de *Reboquismo e dialética* dedicadas à epistemologia das ciências naturais ou à questão se experimento e indústria são, por si sós – como Engels pareceu acreditar –, resposta filosófica suficiente ao desafio posto pela coisa em si kantiana. Outra consequência dessa agenda limitada é que a teoria da reificação, que constitui um dos argumentos centrais de *História e consciência de classe* e a contribuição mais importante de Lukács para uma crítica radical da civilização capitalista – uma teoria que exerceria poderosa influência sobre o marxismo ocidental no decorrer do século XX, da Escola de Frankfurt e Walter Benjamin a Lucien Goldmann, Henri Lefebvre e Guy Debord – está totalmente ausente de *Reboquismo e dialética*, como esteve dos laboriosos esforços polêmicos de

---

[2] Em meu ensaio sobre Lukács, escrevi o seguinte: "Notemos que as duas críticas mais bem conhecidas, as de Rudas e Deborin, estavam firmemente postadas no chão do materialismo pré-dialético. Deborin usou citações de Plekhanov em profusão para mostrar que o marxismo provém justamente do 'materialismo naturalista' criticado por Lukács, ao passo que Rudas comparou as leis marxistas da sociedade com a lei darwinista da evolução e chegou à surpreendente conclusão de que o marxismo é 'pura ciência da natureza'". Michael Löwy, *György Lukács: From Romanticism to Bolshevism* (Londres, New Left Books, 1979), p. 169 [ed. bras.: *A evolução política de Lukács: 1909-1929*, trad. Heloísa Helena de Mello, Agostinho F. Martins e Gildo Marçal Brandão, São Paulo, Cortez, 1998].

Rudas e Deborin. Será que eles estavam de acordo com a concepção de Lukács? Ou, o que é mais provável, eles só não a entenderam? Como quer que seja, eles a ignoraram, e o mesmo faz Lukács em sua resposta...

Em relação à consciência de classe e à teoria leninista do partido – com certeza a parte mais interessante do ensaio –, há um problema de outra ordem. Quando se compara a discussão sobre esses tópicos em *História e consciência de classe* e em *Reboquismo e dialética*, não há como se desfazer da impressão de que sua interpretação do leninismo no último escrito adquiriu um nítido viés autoritário. Enquanto na obra de 1923 há uma tentativa original de integrar algumas das noções de Rosa Luxemburgo em uma espécie de síntese de luxemburguismo e leninismo[3], nesse ensaio polêmico Luxemburgo aparece, de maneira bastante simplista, apenas como referência negativa e como corporificação do puro espontaneísmo. Enquanto em *História e consciência de classe* a relação entre a "consciência atribuída" e a consciência empírica é percebida como processo dialético em que a classe, assistida por sua vanguarda, alça-se à "consciência atribuída" (*zugerechnetes Bewusstsein*) através de sua própria experiência de luta, em *Reboquismo e dialética* a tese estritamente não dialética de Kautsky de que o socialismo é "introduzido a partir de fora" na classe pelos intelectuais – uma visão mecanicista assumida por Lenin em *Que fazer?* (1902), mas descartada após 1905 – é apresentada como a quintessência do "leninismo". Enquanto em *História e consciência de classe* Lukács insistiu que "o conselho de trabalhadores é a superação econômica e política da reificação capitalista"[4], *Reboquismo e dialética* ignora os sovietes e se refere somente ao partido, chegando ao ponto de identificar a ditadura do proletariado com a "ditadura de um partido comunista real".

Apologia da subjetividade revolucionária

A despeito desses problemas, *Reboquismo e dialética* pouca coisa tem em comum com o stalinismo: não só não há referência a Joseph Vissarionovitch e seus

---

[3] Por exemplo: "Rosa Luxemburgo percebeu corretamente que 'a organização tem de nascer como produto da luta'. Seu erro, porém, foi sobrevalorizar o caráter orgânico desse processo [...]". György Lukács, *Geschichte und Klassenbewusstsein* (Berlim, Luchterhand, 1968), p. 494 [ed. bras.: *História e consciência de classe*, cit., p. 558]. Tentei analisar essa síntese em Michael Löwy, *György Lukács: From Romanticism to Bolshevism*, cit., p. 185.

[4] György Lukács, *Geschichte und Klassenbewusstsein*, cit., p. 256 [ed. bras.: *História e consciência de classe*, cit., p. 190-1 (com modificações)].

escritos ou a sua nova tese do "socialismo em um só país", mas todo o espírito do ensaio vai de encontro ao tipo de doutrinas metafísicas e dogmáticas impostas por Stalin e seus seguidores. Ele pode de fato ser considerado como um exercício poderoso de dialética revolucionária, oposto à variedade criptopositivista de "marxismo" que logo se tornaria a ideologia oficial da burocracia soviética. O elemento-chave nessa batalha polêmica é a ênfase de Lukács na *importância revolucionária decisiva do fator subjetivo na dialética histórica de sujeito-objeto*. Se fosse preciso resumir o valor e a importância de *Reboquismo e dialética*, eu argumentaria que se trata de *uma poderosa apologia hegeliano-marxista da subjetividade revolucionária* – em um grau mais elevado ainda do que em *História e consciência de classe*. Esse motivo percorre todo o texto como um fio vermelho, particularmente na primeira parte, mas até certo ponto também na segunda. Tentaremos evidenciar a seguir os elementos principais desse argumento.

Comecemos com o misterioso termo "*Chvostismus*" no título do ensaio – que Lukács nunca se deu ao trabalho de explicar, supondo que seus leitores (russos?) estivessem familiarizados com ele. Essa palavra russa – que se originou do termo alemão "*Schwanz*", "rabo, cauda" – foi usada por Lenin em suas polêmicas – por exemplo, em *Que fazer?* – contra os "marxistas economicistas" que eram "caudatários" do movimento espontâneo dos trabalhadores. Lukács, no entanto, usa esse termo em um sentido filosófico e histórico muito mais amplo: *Chvostismus* significa seguir passivamente – "ir a reboque" – o curso "objetivo" dos eventos, ignorando os fatores subjetivos e revolucionários do processo histórico.

Lukács denuncia a tentativa de Rudas e Deborin de transformar o marxismo em uma "ciência" no sentido positivista, burguês. Fazendo um movimento retrógrado, Deborin tenta reconduzir o materialismo histórico "aos termos de Comte ou Herbert Spencer" ("*wird auf Comte oder Herbert Spencer zurückrevidiert*"), uma espécie de sociologia burguesa que estuda leis trans-históricas que excluem toda a atividade humana. E Rudas situa a si próprio como um observador "científico" do curso objetivo da história, governado por leis que tornam esse observador capaz de "prever" desenvolvimentos revolucionários. Ambos reputam como digno de investigação científica somente aquilo que está livre de qualquer participação do sujeito histórico e ambos rejeitam, em nome dessa ciência "marxista" (de fato, positivista), qualquer tentativa de atribuir "ao momento subjetivo na história um *papel ativo e positivo*"[5].

---

[5] Ver, neste volume, p. 116, 35, 114 e 35, respectivamente.

Lukács argumenta que a guerra contra o subjetivismo é a bandeira de que se vale o oportunismo para justificar a rejeição da dialética revolucionária: ela foi usada por Bernstein contra Marx e por Kautsky contra Lenin. Em nome do antissubjetivismo, Rudas desenvolve uma concepção fatalista da história, que inclui apenas "as condições objetivas", mas não deixa espaço para a decisão dos agentes históricos. Em um artigo – criticado por Lukács em *Reboquismo e dialética* – contra Trotski, publicado na *Inprekorr*, o boletim oficial da Comintern, Rudas alega que a derrota da Revolução Húngara de 1919 deveu-se unicamente a "condições objetivas" e não a erros da liderança comunista; ele menciona tanto Trotski quanto Lukács como exemplos de uma concepção unilateral de política que confere importância exagerada à consciência da classe proletária[6]. Aparentemente, Rudas suspeitou que Lukács tivesse inclinações trotskistas; na verdade, ele não foi adepto de Trotski, mas até 1926 não hesitou em mencioná-lo sob uma luz favorável em seus escritos – o que para os porta-vozes oficiais equivalia a uma grande heresia.

Ao rejeitar a acusação de "idealismo subjetivo", Lukács não se retrata de seu ponto de vista "subjetivista" e voluntarista: nos momentos decisivos da luta "tudo depende da consciência de classe, da vontade consciente do proletariado" – que é o componente subjetivo. Obviamente, há uma interação dialética entre sujeito e objeto no processo histórico, mas, no *Augenblick* [instante] da crise, é esse o componente que direciona os eventos, na forma da consciência e da práxis revolucionárias. Em sua atitude fatalista, Rudas ignora a práxis e desenvolve uma teoria do "ir a reboque" passivo, do *Chvostismus*, considerando que história é um processo que "desenrola-se independentemente [...] da consciência humana"[7].

O que é o leninismo, indaga Lukács, senão a insistência permanente no "papel *ativo e consciente* do fator subjetivo"? Como se poderia imaginar, "sem

---

[6] Como comenta com muita propriedade John Rees, Rudas e Deborin estavam em continuidade direta com o marxismo positivista-determinista da Segunda Internacional: "Na mente de Rudas, Trotski e Lukács estão vinculados pelo fato de ambos ressaltarem a importância do fator subjetivo na revolução. Rudas se apresenta como defensor das 'condições objetivas' enquanto garantia de que a revolução estava fadada a fracassar. A notável similaridade com a resenha de Karl Kautsky sobre o livro *Marxismus und Philosophie* [Marxismo e filosofia] [Leipzig, C. L. Hirschfeld, 1923], de [Karl] Korsch, na qual ele atribui o fracasso da Revolução Alemã exatamente a tais condições objetivas, constitui um testemunho marcante da persistência do marxismo vulgar na burocracia stalinista emergente". John Rees, "Introduction", em György Lukács, *Tailism and the Dialectics* (Londres, Verso, 2000), p. 24-5.

[7] Ver, neste volume, p. 142 e 36, respectivamente.

essa função do fator subjetivo", a concepção leninista da insurreição como arte? A insurreição é precisamente o *Augenblick*, o instante do processo revolucionário em que "*o fator subjetivo possui uma preponderância decisiva*" (*ein entscheidendes Übergewicht*). No referido instante, o destino da revolução e, por isso, o da humanidade, "dependem do fator subjetivo". Isso não significa que os revolucionários devam "esperar" a chegada desse *Augenblick*: não existe momento do processo histórico em que esteja completamente ausente a possibilidade de um papel *ativo* dos fatores subjetivos[8].

Nesse contexto, Lukács volta seu arsenal crítico contra uma das principais expressões dessa concepção positivista, "sociológica", contemplativa, fatalista – *chvostistisch*, na terminologia de *Reboquismo e dialética* – e objetivista de história: a *ideologia do progresso*. Rudas e Deborin acreditam que o processo histórico constitui uma evolução que leva ao próximo estágio de modo mecanicista e fatalista. De acordo com os dogmas do evolucionismo, a história é concebida como um avanço permanente, um progresso infinito: o estágio temporalmente posterior é necessariamente o mais elevado em todos os aspectos. De um ponto de vista dialético, contudo, o processo histórico é "não evolutivo, não orgânico", sendo antes contraditório, desdobrando-se convulsivamente em avanços e retrocessos[9]. Infelizmente, Lukács não desenvolveu essas noções que apontam para uma ruptura radical com a ideologia do progresso inevitável, comum ao marxismo da Segunda e – após 1924 – da Terceira Internacional.

Outro aspecto importante relacionado com essa batalha contra a degradação positivista do marxismo é a crítica formulada por Lukács, na segunda parte do ensaio, ao ponto de vista de Rudas sobre tecnologia e indústria como um sistema "objetivo" e neutro de "intercâmbio entre ser humano e natureza". A objeção de Lukács é que isso significaria uma "igualdade essencial entre a sociedade capitalista e a sociedade socialista"! Para ele, a revolução não só tem de mudar as relações de produção, mas revolucionar também, em grande medida, as formas concretas da tecnologia e da indústria existentes no capitalismo, já que elas estão intimamente vinculadas à divisão capitalista do trabalho. Também nessa questão, Lukács estava muito à frente de seu tempo – os ecossocialistas

---

[8] Ver, neste volume, p. 43-5 e 48-9. Os grifos são do original. É claro que esse argumento é desenvolvido principalmente no primeiro capítulo da primeira parte do ensaio, que traz explicitamente o título "Subjetivismo"; mas pode-se encontrá-lo também em outras partes do documento.

[9] Ver, neste volume, p. 41, 65-6, 94 e 48, respectivamente.

começaram a valer-se desse argumento na última década –, mas essa ideia não chega a ser desenvolvida nesse ensaio[10].

A propósito, há uma notável analogia entre algumas das formulações de Lukács em *Reboquismo e dialética* – a importância do *Augenblick* revolucionário, a crítica à ideologia do progresso, o chamado a uma transformação radical do aparato técnico – e as das últimas reflexões de Walter Benjamin. É claro que Benjamin estava familiarizado com *História e consciência de classe*, que desempenhou um papel importante em sua evolução rumo ao comunismo, mas ele obviamente não podia ter conhecimento do texto inédito de Lukács. Por isso, foi seguindo seu próprio caminho que ele chegou a conclusões tão surpreendentemente similares às desse ensaio.

Poucos meses depois de escrever *Reboquismo e dialética* – em todo caso, menos de um ano depois –, Lukács escreveu o ensaio *Moses Hess und die Probleme des idealistischen Dialektik* [Moses Hess e os problemas da dialética idealista] (1926)*, que representa uma perspectiva político-filosófica totalmente diferente. Nesse texto brilhante, mas sumamente problemático, Lukács celebra a "reconciliação com a realidade", de Hegel, como prova de seu "grandioso realismo" e da sua "rejeição de todas as utopias". Enquanto esse realismo lhe permitiu entender "a dialética objetiva do processo histórico", o utopismo e o subjetivismo moralistas de Moses Hess e dos hegelianos de esquerda os levaram a um beco sem saída. Como se tentou mostrar em outra parte, esse ensaio forneceu a Lukács a justificação filosófica para sua própria "reconciliação com a realidade", isto é, com a União Soviética stalinista, que representava implicitamente "a dialética objetiva do processo histórico"[11]. O "antissubjetivismo" incisivo e unilateral desse escrito é prova suficiente de que – diferentemente da hipótese de László Illés – a resposta de Lukács a seus críticos foi escrita *antes* do texto sobre Moses Hess – isto é, por volta de 1925 –

---

[10]   Ver, neste volume, p. 124-5.

*   György Lukács, "Moses Hess und die Probleme des idealistischen Dialektik" (1926), em *Werke*, v. 2: *Frühschriften II* [Escritos juvenis, parte 2] (Darmstadt/Neuwied, Hermann Luchterhand, 1977), p. 641-86. Desse ensaio ainda não há edição em português. (N. E.)

[11]   Michael Löwy, *György Lukács: From Romanticism to Bolshevism*, cit., p. 194-8. A tradução para o inglês do ensaio de Lukács sobre Hess pode ser encontrada em György Lukács, "Moses Hess and the Problems of Idealist Dialectics" (1926), em *Political Writings 1919-1929* (Londres, New Left Books, 1972), p. 181-223.

22 | Prefácio

e não concomitantemente. Pouco depois disso, em 1927, Lukács, que ainda havia citado Trotski favoravelmente em um ensaio que apareceu em junho de 1926, publicou seu primeiro texto "antitrotskista", em *Die Internationale*, o órgão teórico do Partido Comunista Alemão[12].

Como explicar a mudança tão súbita, ocorrida entre 1925 e 1926, que levou Lukács do subjetivismo revolucionário de *Reboquismo e dialética* à "reconciliação com a realidade" do ensaio sobre Moses Hess? Provavelmente a sensação de que a onda revolucionária de 1917-1923 fora detida na Europa e de que tudo o que restara fora o "socialismo em um só país" soviético. Lukács de modo nenhum foi o único a tirar essa conclusão: muitos outros intelectuais comunistas seguiram o mesmo raciocínio "realista". Somente uma minoria – na qual naturalmente se incluíam Leon Trotski e seus seguidores – permaneceu fiel à esperança internacionalista-revolucionária do Outubro. Mas isso é outra história...

O movimento estratégico de Lukács que o levou do subjetivismo revolucionário ao "realismo" da "dialética objetiva" talvez seja a razão pela qual ele não tentou publicar seu trabalho contra o *Chvostismus*, depois de este (provavelmente) ter sido recusado por algum jornal soviético – como, por exemplo, *Pod Znamenem Marxisma*. Na época em que recebeu a resposta definitiva do editor soviético – vários meses ou até um ano depois de escrito –, Lukács não mais acreditava no poder da iniciativa subjetiva e já estava escrevendo seu texto sobre Moses Hess. Isso explica por que *Reboquismo e dialética* permaneceu sepultado por décadas em algum arquivo soviético empoeirado...

Concluindo: não obstante suas deficiências, *Reboquismo e dialética* é um documento fascinante de Lukács, não só do ponto de vista de sua biografia intelectual, mas por sua pertinência teórica e política *hoje*, como um antídoto eficaz contra as tentativas de reduzir o marxismo ou a teoria crítica a mera observação "científica" do curso dos eventos, a uma descrição "positiva" dos altos e baixos da conjuntura econômica. Ademais, por sua ênfase na consciência e na subjetividade, por sua crítica à ideologia do progresso linear e por

---

[12] Para uma referência favorável à crítica de Trotski ao *Proletkult*, ver: György Lukács, "L'art pour l'art und proletarische Dichtung", *Die Tat*, Jena, v. 18, n. 3, jun. 1926, p. 220-3; para uma crítica antitrotskista, ver: idem, "Eine Marxkritik im Dienste des Trotzkismus, Rezension von Max Eastman: Marx, Lenin and the Science of Revolution", *Die Internationale*, v. 10, n. 6, 1927, p. 189-90.

sua compreensão da necessidade de revolucionar o aparato técnico-industrial predominante, ele se mostra surpreendentemente sintonizado com questões atuais ora em discussão no movimento radical internacional contra a globalização capitalista.

Michael Löwy

Apresentação à edição húngara (1996)

Esta publicação torna acessível ao leitor interessado um estudo até agora desconhecido, inédito, escrito por György Lukács em língua alemã. A julgar pelas referências bibliográficas citadas na argumentação, o ensaio *Reboquismo e dialética* deve ter surgido em 1925 ou 1926, isto é, após o estudo sobre Lenin (1924) e concomitantemente às significativas resenhas sobre a edição de Lassalle e os escritos de Moses Hess. O que chama atenção é que Lukács não mencionou essa obra em nenhuma de suas rememorações posteriores. O estudo dado por ele como perdido no "Prefácio" à reedição de *História e consciência de classe* (1967; "Meu desenvolvimento marxista: 1918-1930") ("'Minha tentativa', cujo manuscrito entrementes se perdeu...") não deve ser idêntico a *Reboquismo e dialética*, dado que aquele escrito – conforme ele mesmo diz – só teria surgido em Moscou e depois de ele já estar familiarizado com os *Manuscritos econômico-filosóficos* de Marx. O presente texto (quase um pequeno livro) não representa nenhum "novo começo"; como defesa fulminante de *História e consciência de classe* contra os ataques de László Rudas e Abram Deborin, ele deve ser classificado antes como escaramuça de retaguarda. A vasta coletânea de documentos *A történelem és osztálytudat a huszas évek vitáiban* [História e consciência de classe nas discussões da década de 1920], compilada por Tamás Krausz e Miklós Mesterházi no anuário da revista *Filozófiai Figyeló*, Budapeste, 1981, v. 1-4 [contribuições nas línguas originais], leva em conta o amplo espectro dos posicionamentos críticos a *História e consciência de classe*, mas naquela ocasião os editores ainda não tinham como saber que o próprio Lukács havia feito uma tentativa de defender sua obra. Ele fez isso numa atmosfera política acirrada após o V Congresso do Comintern (junho-julho de 1924), no qual haviam "reverberado" as invectivas de Zinoviev contra ele. (Como se sabe, os artigos de Rudas e Deborin contra Lukács foram publicados durante a fase de preparação do Congresso.)

A literatura especializada posterior, que se ocupa com esse período da produção de Lukács, tentou livrá-lo do estigma do "ultrarradicalismo"; no "Prefácio", ele próprio se recordou de ter repensado suas posições no contexto que antecedeu as "teses de Blum" (1928-1929). O estudo *Reboquismo e dialética* evidencia, em contraposição, que, nos anos 1925-1926, Lukács ainda não havia repensado nenhuma de suas posições, ou seja, forçara ainda mais sua ênfase na "consciência atribuída", conseguindo extrapolar *História e consciência de classe*, e mantivera sua crítica a Engels no que se refere à dialética da natureza, formulando, no entanto, essa tese de modo muito mais flexível e nuançado. O estudo documenta que Lukács não permitiu que o empurrassem para dentro da mudança de época *après la révolution* [pós-revolucionária], da consolidação burocrática subsequente ao V Congresso, mas – ainda que "atrasado" – ateve-se às reminiscências do "messianismo revolucionário". O estudo só agora descoberto representa, portanto, um marco no desenvolvimento intelectual de György Lukács em meados da década de 1920.

O original datilografado foi descoberto no quadro de um projeto de pesquisa húngaro-russo sob a coordenação do Instituto de Ciência Literária da Academia Húngara de Ciências (László Illés) e do Instituto de Eslavística e Balcanística da Academia Russa de Ciências (W. T. Sereda e A. S. Stikalin). Do lado húngaro, o projeto de pesquisa também foi patrocinado pela Universidade de Miskolc, pela Fundação Otka e pela Fundação Lajos Magyar. A meta do projeto é reunir todos os documentos que refletem a atividade política e científica de György Lukács na ex-União Soviética. Trata-se de materiais inéditos de e sobre György Lukács, do período que vai da década de 1920 até os últimos anos do império soviético, que só agora se tornaram acessíveis nos diversos arquivos russos.

O texto datilografado, publicado pela primeira vez aqui [edição húngara, 1996], cujo aspecto exterior é descrito na "Nota do editor [húngaro]", foi descoberto no arquivo unificado do Comintern e do Arquivo Central do PCUS: Rossiiskii Centr Hranienia i Isutchenia Dokumentov Noveisei Istorii (RCCHIDNI)

[Centro Russo de Conservação e Pesquisa dos Documentos de História Contemporânea]. Ele porta a sigla "Fond 347, op. 1, delo 188", e provém do acervo do antigo Instituto Lenin. É provável que Lukács o tenha enviado de Viena diretamente ao Instituto Lenin ou a alguma outra instância ou redação. Na página que envolve o escrito datilografado, há a seguinte anotação a lápis em língua russa: "K. F. Inst. Lenin. Descartar? Escrito incompreensível de um choramingas que não expressa seu ponto de vista de forma clara e direta. – 31.10.1941. Podvoiskii". É possível que esse comentário date do período da evacuação do Instituto de Moscou, provocada pela guerra.

A autorização para a primeira publicação do texto original em alemão, bem como da tradução húngara (ambas pela revista *Magyar Filozófiai Szemle*, de Budapeste), foi concedida em 21 de fevereiro de 1996 sob o número 187/4 pelo diretor do arquivo, dr. Kirill Mihailovitch Anderson.

László Illés

Nota do editor húngaro

O documento original datilografado de *Chvostismus und Dialektik* [Reboquismo e dialética] encontra-se no RCCHIDNI (Centro Russo de Conservação e Pesquisa dos Documentos de História Contemporânea), em Moscou. Trata-se de um documento de 92 páginas escrito em papel-carbono de formato grande e que apresenta correções a tinta de punho do próprio autor. O texto é interrompido na última página disponível, e da argumentação até ali pode-se deduzir que faltem apenas poucas páginas.

Nesta primeira publicação [1996], o texto é reproduzido integralmente e com o exato teor do original. Para melhorar a legibilidade, as abreviações foram postas por extenso (d.h., u.Z., Gen.R. ou Gen.D., representando respectivamente *das heißt* [isto é], *und zwar* [mais precisamente], *Genosse Rudas* [camarada Rudas] e *Genosse Deborin* [camarada Deborin]). Formas antiquadas foram adaptadas à ortografia alemã atual (*Oekonomie* sendo Ökonomie). Artigos equivocados para substantivos e declinações falhas de adjetivos foram retificados. Apesar das correções à mão inseridas pessoalmente por Lukács, parece que, em algumas passagens, palavras que faltam para dar sentido à frase não foram complementadas por ele. Esses termos foram inseridos pelo editor entre colchetes. Palavras ou trechos de texto entre parênteses provêm sempre do próprio Lukács, sendo que alguns deles permaneceram vazios. É apropriado mencionar aqui que, em certas passagens, Lukács não reproduz com precisão as citações. No mais, o artigo de Plekhanov sobre os "pontos nodais" não se

30 | Nota do editor húngaro

encontra no lugar indicado. O nome Duhau, mencionado no texto, presumivelmente é um lapso de grafia para Duhem. Em função da exatidão filológica e para facilitar a identificação do texto, a numeração de páginas do documento original foi destacada da seguinte maneira: <42>. O leitor atento não deixará de perceber que, em alguns pontos da numeração original (como, por exemplo, nas páginas 46, 75, 80, 81), observam-se intervalos menores entre uma página e outra; trata-se, nesse caso, de folhas complementares intercaladas pelo autor.

Lukács polemiza principalmente contra os artigos críticos de Abram Deborin e László Rudas. Os ensaios desses autores foram publicados na revista *Arbeiterliteratur* [Literatura de trabalhadores] (editada por Johannes Wertheim, Viena, Verlag für Literatur und Politik, 1924), para a qual Lukács utiliza a abreviação *AL* ao citar a fonte. A abreviação *G.u.K.*, para *Geschichte und Klassenbewußtsein – Studien über marxistische Dialektik* [História e consciência de classe – estudos sobre dialética marxista] (Berlim, Malik Verlag, 1923, Kleine revolutionäre Bibliothek, v. 9), igualmente provém de Lukács. Com bastante frequência, ele se reporta a uma coletânea [*Sammelband*], sobre a qual escreveu uma resenha em 1926 para o *Archiv für die Geschichte der Arbeiterbewegung und des Sozialismus* [Arquivo da história do movimento dos trabalhadores e do socialismo]. Trata-se do seguinte texto: V. I. U. Lenin, *Ausgewählte Werke. Sammelband – Der Kampf um die soziale Revolution* [Obras selecionadas. Coletânea – A luta pela revolução social] (Viena, Verlag für Literatur und Politik, 1925). Ele também cita diversas vezes a seguinte fonte bibliográfica: *Gegen den Strom* [Contra a correnteza], coletânea publicada em 1921 em Hamburgo e Petrogrado pela editora da Internacional Comunista, contendo contribuições de Lenin e Zinoviev que já haviam sido publicadas (entre 1914 e 1917) na revista suíça *Social-Demokrat* [O social-democrata]. Lukács publicou numerosos artigos de seu período "radical de esquerda" no órgão *Kommunismus – Zeitschrift der Komintern für die Länder Südosteuropas* [Comunismo – Revista do Comintern para os Países do Sudeste da Europa] (Viena, 1920-1921; editada por Gerhardt Eisler). O periódico *Inprekorr*, isto é, *Internationale Pressekorrespondenz* [Correspondência Internacional de Imprensa], circulou em Berlim como informativo do Comintern de 24 de setembro de 1921 até 1932; depois apareceu na Basileia com o título *Rundschau*.

Algumas siglas referentes a instituições e partidos também precisam ser explicadas: Viva, para Vereinigung Internationaler Verlagsanstalten [Associação de Casas Publicadoras Internacionais]; Ekki, significando Exekutivkomitee der

Kommunistischen Internationale [Ceic, Comitê Executivo da Internacional Comunista]; e S.R., Sozial-Revolutionäre [Social-revolucionários], que se refere ao Partido dos Revolucionários Sociais, corrente pequeno-burguesa que, no ano de 1902, constituiu-se a partir dos *narodniki** e questionou o papel de liderança dos bolchevistas e a legalidade da ditadura proletária. Por fim, o *"Chvostismus"* (da palavra russa *chvost*, "cauda", "rebocador" e, correspondendo a isso, "política do [cabo de] reboque" [ou, em português: *reboquismo*]) foi uma corrente que hostilizou o bolchevismo, apostava na espontaneidade das massas, negava a necessidade de haver partido marxista e contestava a importância da consciência de classe. Seus representantes no movimento dos trabalhadores russos foram os chamados economistas, atacados com veemência por Lenin, em particular em seu livro *Que fazer?* (1902), no qual ele mesmo usou a designação *"Chvostismus"* como reboquismo.

Os opositores de Lukács são Abram Moisseievitch *Deborin* (originalmente Joffe; 1881-1963), filósofo soviético, aluno de Giorgi W. Plekhanov, redator-chefe da revista *Pod Znameniem Marksizma* [Sob a Bandeira do Marxismo] de 1926 a 1930 e que mais tarde caiu em desgraça; e László *Rudas* (1885-1950), filósofo húngaro, membro fundador do Partido Comunista da Hungria, redator da revista *Vörös Újság* (Bandeira Vermelha), que emigrou para a União Soviética após a derrubada da República dos Conselhos Húngara, colaborador titular do Instituto de Marxismo-Leninismo e que exerceu a docência no assim chamado "professorado vermelho". Após 1945, foi professor universitário e membro da Academia em Budapeste.

László Illés

---

* Os *narodniki* (de *narod*, "povo") são membros do movimento socialista russo que vigorou entre 1860 e 1870 e tinha como objetivo despertar a consciência das massas, especialmente dos camponeses, para derrubar o regime tsarista. (N. E.)

György Lukács em 1917.

<1> Reboquismo e dialética

A respeito de meu livro *Geschichte und Klassenbewußtsein* [História e consciência de classe][*G.u.K.*][1], apareceram algumas críticas (dos camaradas L. Rudas e A. Deborin, nos números 9, 10 e 11 da revista *Arbeiterliteratur* [*AL*]) que de modo algum posso deixar sem resposta. Em si, por mais rigorosas que fossem, as críticas me teriam sido simpáticas, pois, no "Prefácio" de meu livro (p. 10 e 11)[2] caracterizei-o expressamente como texto para discussão. Algumas coisas que escrevi ali necessitam muito ser corrigidas, outras tantas eu formularia em termos bem diferentes hoje. Longe de mim, portanto, *defender o livro como tal*. Seria para mim motivo de grande contentamento se eu já pudesse considerá-lo superado, se pudesse ver que seu propósito foi alcançado por completo. Seu propósito: demonstrar *metodologicamente* que a organização e a tática do bolchevismo são a única consequência possível do marxismo; provar que, do método da dialética materialista, da maneira como esta foi manejada por seus fundadores, decorrem de modo logicamente necessário – ou seja, lógico em sentido dialético – os problemas do bolchevismo. Se alguma discussão não tivesse deixado pedra sobre pedra em meu livro, mas tivesse representado um

---

[1] György Lukács, *Geschichte und Klassenbewußtsein. Studien über marxistische Dialektik* (Berlim, Malik, 1923). No Brasil, o livro foi publicado como *História e consciência de classe: estudos sobre a dialética marxista* (trad. Rodnei Nascimento, São Paulo, WMF Martins Fontes, 2003).

[2] Idem, *História e consciência de classe*, cit., p. 58-9.

progresso nesse âmbito, eu teria me alegrado em silêncio com esse progresso e não teria defendido uma afirmação sequer do livro.

Contudo, meus críticos se movem *na direção oposta*. Eles se valem dessa polêmica para introduzir por contrabando no marxismo e no leninismo elementos menchevistas. Sou obrigado a resistir a isso. Não estou, portanto, defendendo meu livro. Ataco o menchevismo escancarado de Deborin e o reboquismo de Rudas. Deborin é coerente: ele sempre foi menchevique. O camarada Rudas, todavia, é um bolchevique. Conheço-o de um longo período de trabalho conjunto no partido. Mas justamente por isso não estou em condições de retribuir em relação a sua atividade o reconhecimento que ele me dedica ("[...] não hesitou por um minuto sequer, sempre foi inimigo declarado de todo e qualquer oportunismo"; *AL*, v. 9, p. 493). Visto que as questões relativas ao desenvolvimento do PCH [Partido Comunista Húngaro] não fazem parte deste debate, explicitarei a propensão – sempre presente – do camarada Rudas para o reboquismo a partir de seus argumentos filosóficos e recorrerei, a título de ilustração de seu modo de ver as coisas, apenas a seu artigo político mais recente, escrito "após dois anos de aprendizado no PCR [Partido Comunista Russo]" ("Genosse Trotzky über die ungarische Proletarierrevolution" [O camarada Trotski sobre a revolução proletária húngara], *Inprekorr*[3], v. 4, p. 162). <2> Não me queixo, portanto, como supõe o camarada Rudas (*AL*, v. 12, p. 1.080), de "mal-entendidos". Não mesmo. Concordo com ele que "mal-entendidos não possuem natureza lógica". Por isso mesmo, acho muito razoável que ele não me compreenda: ele não entende *o papel do partido na revolução* e, por essa razão, não *foi capaz* de perceber que meu livro gira inteiro em torno dessa questão. Isso não causa admiração no caso do menchevique Deborin. O oposto teria sido mais surpreendente.

I. Problemas da consciência de classe

1. Subjetivismo

Toda vez que um ataque oportunista é desferido contra a dialética revolucionária, ele aparece sob o lema "contra o subjetivismo". (Bernstein contra Marx, Kautsky contra Lenin.) Dentre os muitos ismos que Deborin e Rudas me atribuem (idealismo, agnosticismo, ecletismo etc.), o subjetivismo se

---

[3] Sobre o periódico *Inprekorr*, ver, neste volume, a "Nota do editor húngaro".

encontra na primeira fila. Nas exposições a seguir, demonstrarei que, nesse contexto, sempre se fala do papel do partido na revolução; que Deborin e Rudas lutam contra o bolchevismo quando acham que estão combatendo meu "subjetivismo".

Primeiramente, portanto, o que se deve entender aqui por sujeito? E – esta pergunta é inseparável da primeira e dela depende sua resposta correta – qual é a função do sujeito no processo do desenvolvimento histórico? Rudas e Deborin permanecem aqui, em parte, no ponto de vista vulgar da vida cotidiana burguesa e de sua ciência: eles separam sujeito e objeto de modo rígido e mecânico; consideram como objeto da ciência apenas aquilo que está livre de qualquer participação do sujeito e protestam num tom de extrema indignação científica quando se atribui ao momento subjetivo na história um *papel ativo e positivo*. Por essa razão, Deborin não deixa de ser coerente quando me imputa (*AL*, v. 10, p. 629) a teoria da identidade de pensar e ser, de sujeito e objeto, ao passo que em meu livro consta expressamente: "[...] sua identidade consiste em serem fatores de um único e mesmo processo dialético histórico real" (*G.u.K.*, p. 223-4)[4]. A inversão intencional e não intencional de minhas ideias se torna compreensível se visualizarmos o entendimento do próprio Deborin sobre sujeito e objeto. Ele diz (*AL*, v. 10, p. 639) "[...] que o *único* (!; grifo meu) sentido materialista <3> dessa 'influência recíproca' só pode ser seu entendimento como processo do trabalho, como processo da produção, como atividade, como *luta da sociedade contra a natureza*" (grifo meu).

Portanto, para Deborin não existe *luta de classes*. "A sociedade luta contra a natureza" e ponto! O que se desenrola no interior da sociedade é mera aparência, subjetivismo. Por essa razão, para ele – de modo muito coerente –, sujeito = indivíduo e objeto = natureza, ou sujeito – sociedade e objeto – natureza (idem). Deborin não toma conhecimento de que *no interior* da sociedade se desenrola um processo histórico que modifica a relação entre sujeito e objeto. Desse modo, porém, o materialismo histórico, para dizer pouco, é reconduzido aos termos de Comte ou Herbert Spencer.

O camarada Rudas não vai tão longe. Ele admite que há classes e lutas de classes, e em seu texto até ocorrem passagens em que se mencionam a existência e a importância da ação proletária, do papel do partido. Mas isso nunca passa de uma concessão formal à teoria leninista da revolução. No geral, ele

---

[4] György Lukács, *História e consciência de classe*, cit., p. 403 (com modificações).

sustenta de modo coerente a posição contrária. Mas ouçamos o que ele diz: "O que é uma 'situação histórica'? Uma situação que, como qualquer outra, *desenrola-se independentemente* – ainda que através – *da consciência humana*" (*AL*, v. 10, p. 678; grifo meu). Ou: "Os homens têm ideias, sentimentos, eles até estabelecem finalidades para si – e chegam mesmo a imaginar que essas ideias, esses sentimentos, desempenham um papel importante e independente na história; trata-se das mesmas finalidades que são realizadas na história" (*AL*, v. 10, p. 685). Etc.

Neste ponto, é preciso, acima de tudo, constatar isto: o camarada Rudas menciona o tempo todo "a" história e "o" ser humano e "esquece" – o que igualmente decorre de modo coerente de seu entendimento fundamental – que não se está falando de "o" ser humano, mas do proletariado e do partido que o lidera, que não se está tratando de "a" história, mas da época da revolução proletária. Ele "esquece" que o ponto culminante de minhas exposições, combatidas por ele, reside no fato de que a relação entre consciência e ser se coloca para o proletariado de modo diferente do que para qualquer classe anteriormente surgida na sociedade; que a função ativa da consciência de classe do proletariado adquire um novo significado na época da revolução.

Isso faz parte do abecê do marxismo e especialmente do abecê do leninismo. Infelizmente, porém, somos obrigados a repetir esse abecê em vista da nova tentativa do menchevismo de converter o marxismo em sociologia burguesa, com suas leis formais, supra-históricas, que exclui toda "atividade humana". Segundo Rudas, o que caracteriza a situação histórica é o fato de ela "se desenrolar independentemente da consciência humana".

<4> Vejamos como Lenin descreve a essência da situação histórica:

> O regime burguês está passando por extraordinária crise revolucionária em todo o mundo. Temos de "provar" agora mediante a práxis aos partidos revolucionários que eles são suficientemente autoconscientes, que possuem organização, ligação com as massas espoliadas, determinação e saber para usar essa crise a favor da revolução exitosa, da revolução vitoriosa. (*Rede über die Weltlage am 2. Kongreß der Komintern* [Discurso sobre a situação mundial no II Congresso do Comintern], Viena, 1920, p. 44)

Depois de ter descrito os pressupostos objetivos de uma situação revolucionária, "que são independentes da vontade não só de grupos e partidos individuais, mas também de classes individuais", ele explica por que, existindo tais condições, nem sempre irrompe uma revolução:

Porque nem toda situação revolucionária dá origem a uma revolução, mas só aquela situação em que às condições objetivas enumeradas anteriormente soma-se uma condição subjetiva, a saber, a capacidade da *classe* revolucionária de empreender ações revolucionárias de massa que possuem *força* suficiente para quebrar o velho governo (ou abalá-lo), o qual jamais, nem mesmo em épocas de crise, "cai", se não for "derrubado". (*Gegen den Strom*, p. 135)[5]

O camarada Rudas não pensa assim. Ele expressamente se arrepende de seu "pecado da juventude", ou seja, do entendimento de que a revolução proletária húngara de 1919 teria fracassado em primeira linha pela falta desse momento subjetivo, pela falta do Partido Comunista. Ninguém, nem mesmo ele em seu período "subjetivista", afirmou que essa teria sido a única razão de seu fracasso. Tanto no passado como no presente, Rudas mostra que é um leal kantiano: quer superestime, quer subestime "o momento subjetivo", ele sempre o *separa* meticulosamente do momento "objetivo" e toma o cuidado de não considerar os dois momentos em sua *interação dialética*. Agora ele quer mostrar que a ditadura dos conselhos húngara fracassou em virtude de obstáculos "objetivos", dentre os quais ele menciona o tamanho reduzido do território, o qual não ofereceria nenhuma possibilidade para o recuo militar, a traição dos oficiais, o bloqueio. Todas as três coisas são fatos. Todas as três tiveram um papel importante no naufrágio da ditadura húngara. Contudo – e esse ponto de vista *metodológico* é determinante para nossa controvérsia –, nenhum desses momentos pode ser analisado em sua simples facticidade, independentemente da questão sobre se havia um partido comunista, se quisermos permanecer dialéticos revolucionários, leninistas. Bloqueio, fome! Certamente, mas o camarada Rudas concederá que a fome, a escassez de mercadorias etc. não chegaram nem perto <5> das privações sofridas pelo proletariado russo, o padrão de vida de nossos trabalhadores não baixou nem mesmo ao nível dos de Viena. O que tornou o bloqueio fatal para a ditadura dos conselhos foi a demagogia social-democrata, afirmando que o retorno à "democracia" representaria a suspensão do bloqueio, a elevação do padrão de vida do conjunto dos trabalhadores; fatal para os trabalhadores foi terem acreditado nessa demagogia – precisamente porque não havia um partido comunista. Traição dos oficiais!

---

[5] Ver, neste volume, a "Nota do editor húngaro". Cf. Vladimir I. Lenin, "Der Zusammenbruch der II. Internationale", em Vladimir I. Lenin e Grigori Zinoviev, *Gegen den Strom. Aufsätze aus den Jahren 1914-1916* (Hamburgo, Verlag der Kommunistischen Internationale, 1921), p. 129-70.

Ora, o camarada Rudas, um camarada que trabalha em cargo de chefia, deveria saber que, em toda parte onde comunistas razoavelmente capazes integraram as tropas, o corpo destas permaneceu leal e combativo até o fim. Teria sido de fato "objetivamente" impossível encontrar comandantes ou comissários comunistas para nossas oito divisões (e os regimentos correspondentes etc.)? Foi impossível porque não havia partido comunista para fazer a seleção, impor as nomeações, definir as diretrizes da atividade etc. O tamanho reduzido do território! Ao dizer isso, o camarada Rudas se reporta à autoridade de Trotski. Se quisesse ser maldoso, eu tiraria de suas exposições a seguinte consequência "sociológica objetiva": num país pequeno, num país sem as possibilidades de recuo dos russos, rodeado de vizinhos imperialistas, a possibilidade de estabelecer uma ditadura é nula. (E isso se refere, então, também a todo país europeu.) Mas só quero trazer à lembrança de Rudas que a derrubada da ditadura não foi uma questão puramente militar. No dia 1º de agosto, o Exército Vermelho deflagrara uma contraofensiva muito promissora, começando com grandes êxitos (a reconquista de Szolnok), quando em Budapeste a República dos Conselhos renunciou exatamente por não haver um partido comunista.

Claro que o fato de não existir um partido comunista na Hungria durante a ditadura dos conselhos tem razões objetivas. Contudo, estas, por um lado, tinham sido em parte subjetivas [*sic!*] (momentos da história do movimento dos trabalhadores). Por outro, só para os kantianos, que separam rígida e não dialeticamente sujeito e objeto, a importância do momento subjetivo é eliminada porque seu aparecimento, a possibilidade de sua efetivação, a possibilidade de ele assumir importância decisiva estão baseados em razões objetivas. Sucede o contrário. Justamente nessa vinculação se evidencia aquela inter-relação dialética que procurei elaborar em meu livro, cuja existência é negada – de modo mais ou menos aberto – por Deborin e Rudas.

<6> Expressando isso em termos filosóficos gerais (neste caso, portanto, falsos), essa interação equivale a indicar que o reflexo subjetivo do processo objetivo constitui um momento realmente, e não só imaginariamente, efetivo do próprio processo. Esses reflexos subjetivos não só formam, então, um elo inevitável entre dois momentos objetivos de cada vez, sendo que esses elos, todavia, podem ser negligenciados numa análise "objetiva" das coisas, dado que "objetivamente" eles não interessam, mas eles também mostram que os seres humanos de fato – e não só na imaginação – fazem de fato sua própria história. Dissemos que expressar em termos filosóficos gerais significa, neste caso, expressar de maneira falsa.

Por quê? Porque esse estado de coisas *só se instaurou de um modo histórico real com o aparecimento do proletariado*, porque no curso da história o proletariado foi o primeiro, e até agora é o *único*, sujeito a que se aplicou esse entendimento. Portanto, todos os pensadores que atribuíram a um sujeito real ou fantasioso (grandes homens, espíritos dos povos etc.) tal repercussão do sujeito sobre a realidade, sobre o andamento da história, necessariamente se tornaram idealistas quanto ao método e forçosamente, quanto aos resultados, acabaram aportando em formulações falsas, em mitologias históricas.

É natural, então, que a ciência burguesa e o menchevismo inteiramente influenciado por ela também neguem ao proletariado qualquer possibilidade de influenciar a realidade ou a admitam apenas numa forma mitológica e fantasiosa. Em ambos os casos, porém, trata-se do mesmo entendimento *anistórico* da realidade. Assim como a ideologia feudal-medieval criou uma relação supra-temporal entre ser humano e deus, a ideologia burguesa e menchevique compõe uma "sociologia" supratemporal, na qual as formas de existência fundamentais da sociedade burguesa aparecem (claro que em uma forma ideológica mais ou menos desfigurada) do mesmo modo como formas de existência do passado e do futuro, do comunismo primitivo e da revolução social. Em contraposição, justamente pelo fato de a ciência do proletariado constituir um instrumento de sua práxis revolucionária, é uma questão vital para ela livrar-se desse modo de ver as coisas: averiguar de maneira real o papel concreto que cabe ao proletariado como fator subjetivo da história, obter clareza sobre a função que sua consciência de classe (e *somente* a sua) possui no processo histórico.

O camarada Rudas também se enfileira entre os que negam essa possibilidade e, ao fazer isso, enreda-se nas maiores contradições possíveis. Ele imputa a mim – com <7> auxílio de citações arrancadas do contexto – a ideia de que, em toda luta de classes, o momento decisivo seria a capacidade da classe de apreender *adequadamente* a sociedade como um todo. Meu livro, em vez disso, ressalta de modo explícito que há uma diferença entre as classes chamadas para assumir o poder e as classes claudicantes, condenadas à derrota: estas pensam que "a sociedade atual não pode ser percebida *de modo algum* (grifei agora) em sua totalidade" a partir de sua posição como classe (*G.u.K.*, p. 64)[6], aquelas pensam que é possível "organizar o conjunto da sociedade conforme esses interesses" (idem). Sobre essa totalidade, consta em meu livro que, para cada classe, deve-se,

---

6   György Lukács, *História e consciência de classe*, cit., p. 144.

40 | Reboquismo e dialética

em primeiro lugar, estudar exatamente que momento do processo global de produção se refere da maneira mais imediata e vital aos interesses de cada classe; em segundo, em que medida é do interesse de cada classe transcender essa imediatidade, compreender o momento imediatamente importante como um simples momento da totalidade e, assim, superá-lo; e, finalmente, de que natureza é a totalidade assim alcançada e em que medida ela é a apreensão efetiva da totalidade real da produção. (Ibidem, p. 66)[7]

Isso possibilita distinguir entre si as diversas formas da "falsa consciência". Na sequência, é extensa e detalhadamente exposto (p. 66-71)[8] que e como, nas sociedades pré-capitalistas, *cada* classe não podia ter *senão* uma "consciência falsa", de acordo com a análise das classes, feita na sociedade burguesa, desse modo *específico, nunca antes* havido na história (apreensão adequada da totalidade social), e dessa função (influenciação efetiva e consciente do processo histórico) de avançar na consciência de classe do proletariado. Ignorando, pois, tanto essa matização histórica das questões relativas à consciência de classe quanto o significado específico dessas questões entre o proletariado, Rudas refuta triunfante meu "idealismo", meu "subjetivismo". Ora, concordo plenamente com ele em que mal-entendidos não possuem natureza lógica e pergunto: por que Rudas foi levado a esse mal-entendido? De que fonte ele provém e qual é sua finalidade política? Nesse ponto, suas conclusões nos mostram claramente a fonte: seu fatalismo reboquista.

Esse fatalismo aparece de forma bastante crassa quando ele lança seus mais veementes ataques contra a minha assim chamada "teoria do instante" (*AL*, p. 1.077-8). Uma vez mais, não quero deter-me no "mal-entendido" cômico, como se, para mim, se tratasse do papel das grandes personalidades. Neste ponto, o camarada Rudas "entende mal" para não ter de encarar olho no olho um *princípio elementar* <8>do bolchevismo. Ele contrasta essa teoria do "instante" – valendo-se de um truque reboquista de eficácia comprovada – com o processo, o qual eu supostamente negligencio por completo (ibidem, p. 1.082). Não quero mencionar aqui as inúmeras passagens de meu livro (por exemplo, p. 256-7 e 315)[9] que deixam claro como a luz do sol que esse não é o caso. Apesar disso, o camarada Rudas tem razão em falar de "processo" em

---

[7] Ibidem, p. 147-8 (com modificações).

[8] Ibidem, p. 148-56.

[9] Ibidem, p. 337-8 e 400-1.

contraposição a "instante", na medida em que seu conceito fatalista-reboquista do processo de fato exclui todo e qualquer *instante de decisão*. Mas ele facilita demais a tarefa para si mesmo e acaba traindo suas convicções mais íntimas: para ele, não existem instantes de decisão em absoluto, seu "processo" é uma evolução que leva, de modo fatalista e mecanicista, de um estágio de desenvolvimento da sociedade ao seguinte. É verdade que em lugar nenhum isso fica explícito. O camarada Rudas toma o cuidado (como qualquer reboquista atual) de não cortar relações com Lenin, mas justamente o modo como ele contrapõe "processo" e "instante" revela claramente seu entendimento. O que é um "instante"? Uma situação cuja duração temporal pode ser mais breve ou mais longa, a qual, todavia, se destaca do processo que leva até ela pelo fato de se condensarem nela as tendências essenciais do processo, pelo fato de ser preciso tomar nela uma *decisão* sobre *o rumo futuro do processo*. Ou seja, as tendências atingem uma espécie de ponto culminante e, dependendo de como *se age* na referida situação, o processo toma outro rumo depois daquele "instante". O desenvolvimento, portanto, não se dá em linha reta ascendente, de modo que, digamos, num desenvolvimento favorável ao proletariado, depois de amanhã a situação *tivesse de* ser melhor do que amanhã etc., mas de modo que, num ponto *bem determinado*, a situação pressiona por uma decisão e depois de amanhã talvez já seja *tarde demais* para tomá-la. O camarada Rudas queira pensar, por exemplo, no artigo de Lenin sobre os "compromissos"[10], no qual, segundo o parecer de Lenin, alguns dias de atraso tornaram irrelevante a oferta de acordo feita aos mencheviques e aos S. R. [Social-revolucionários], no qual se explicita "que já se passaram os dias em que o caminho do desenvolvimento pacífico casualmente se tornou viável"; ou queira lembrar a preocupação de Lenin no tocante à possibilidade de que, nos dias de Outubro, os bolcheviques pudessem deixar passar em brancas nuvens o instante da possível tomada do poder: "A história não perdoará a demora aos revolucionários, que podem vencer hoje (e seguramente vencerão hoje), arriscando-se a perder muito amanhã, arriscando-se a perder tudo" (*Sammelband*, ...)[11].

---

[10] Cf. Vladimir I. Lenin, "Über Kompromisse", em *Werke*, v. 25 (Berlim, Dietz, 1974), p. 313-9. Ed. port.: "Sobre os compromissos", em *Obras escolhidas*, t. 2 (Lisboa/Moscou, Avante!/Progresso, 1977), p. 155-9.

[11] Sobre essa publicação, ver, neste volume, a "Nota do editor húngaro". Cf. Vladimir I. Lenin, "Brief an die Mitglieder des ZK", em *Werke*, v. 26 (Berlim, Dietz, 1972), p. 223-4. Ed. port.: "Carta aos membros do CC", em *Obras escolhidas*, t. 2, cit., p. 389.

O camarada Rudas obviamente protestará contra o fato de sua opinião ser contraposta aqui aos pontos de vista fundamentais de Lenin. Ele <9> tem o louvável cuidado de prevenir-se contra essa crítica: por um lado, agindo como se o "instante" estivesse em contraposição ao "processo", como se o processo não consistisse de uma longa série de instantes, alguns dos quais, todavia, superam os demais em importância quantitativa a ponto de essa quantidade provocar uma mudança de rumo (ver Plekhanov sobre o "significado da linha nodal das relações de medida" em "Bedeutung der Knotenlinie der Massverhältnisse", *Neue Zeit*, v. 10, n. 1, p. 230); por outro lado, atribuindo-me um subjetivismo idealista. No entanto, acentuo – e não vejo a menor razão para voltar atrás em algum de meus pontos de vista a esse respeito, nem os atenuar de alguma maneira – que, nos referidos instantes, tudo depende da consciência de classe, da vontade consciente do proletariado, que apenas nisso reside o fator da decisão. A interação dialética de sujeito e objeto no processo histórico consiste justamente no fato de que o fator subjetivo, que obviamente é um produto, um fator do processo objetivo – o que foi por mim ressaltado de muitas maneiras (por exemplo, p. 181)[12] –, em certas situações históricas, cujo aparecimento também é causado pelo processo objetivo (por exemplo, *G.u.K.*, p. 315)[13], tem uma repercussão orientadora sobre o próprio processo. Essa repercussão só é possível na práxis, só no *presente* (por essa razão, utilizo a palavra "instante" para destacar com precisão esse caráter presente e prático). Depois que a ação foi levada a cabo, o fator subjetivo volta a integrar-se à série dos fatores objetivos. Assim, para cada partido, seu próprio desenvolvimento ideológico – o proudhonismo na França, o lassallismo na Alemanha – constitui um fator objetivo, com o qual todo político marxista tem de contar como se fosse um fato objetivo. A interação dialética já descrita surge, portanto, "exclusivamente" na práxis. No "simples" pensamento, isto é, no pensamento separado da práxis, sujeito e objeto se defrontam de modo claramente delimitado, e todo pensamento que simplesmente atribui essa peculiaridade da práxis à teoria incorre na mitologia conceitual e forçosamente se torna idealista (Fichte). Porém, da mesma forma, acaba se tornando fatalista – e este é o caso de Rudas – todo pensamento que desconhece a peculiaridade da práxis proletária, da práxis transformadora, e quer transferir a contraposição rígida de sujeito e objeto da

---

[12] György Lukács, *História e consciência de classe*, cit., p. 259.
[13] Ibidem, p. 400-1.

"pura" teoria para a práxis. Ao fazer isso, ele suprime a práxis. Ele se torna uma teoria do reboquismo.

Portanto, o "instante" de modo algum pode ser separado do "processo", o sujeito de modo algum se contrapõe ao objeto de forma rígida e incomunicável. O método dialético não significa nem uma unidade indiferenciada, nem uma separação rígida dos fatores. <10> Muito pelo contrário, significa a ininterrupta autonomização dos fatores e a ininterrupta anulação dessa autonomia. Expus diversas vezes em meu livro como se dá concretamente essa interação dialética dos fatores do processo em virtude da renovada anulação dessa autonomia. Nesse ponto, o que interessa é entender que essa autonomia (dialética, e que, por isso, sempre volta a ser dialeticamente superada) do fator subjetivo no atual estágio do processo histórico, no período da revolução proletária, constitui uma característica decisiva da situação global. Seria de supor que – entre leninistas – esse entendimento fosse lugar-comum. Pois como poder--se-ia ao menos conceber a ideia básica de Lenin a respeito da preparação e da organização da revolução sem que houvesse tal papel *ativo e consciente* do fator subjetivo? Quem poderia imaginar, sem essa função do fator subjetivo, a concepção de Lenin a respeito dos fatores decisivos da revolução, a teoria da insurreição como arte, proveniente de Marx, mas só concretizada por Lenin? Todas as acusações levantadas contra Lenin (inclusive por Rosa Luxemburgo) não foram determinadas justamente pela noção de que a revolução é produzida pelas forças econômicas, de certo modo, "por si mesmas", isto é, dito com outras palavras, "espontaneamente", "elementarmente", sem relação com o papel decisivo do elemento *conscientemente subjetivo*?

Em suas exposições decisivas sobre a insurreição como arte, o camarada Lenin faz antes de tudo uma distinção entre o conceito marxista e o conceito blanquista de insurreição ("Marxismus und Aufstand" [Marxismo e insurreição], em *Sammelband*, p. 440 ss.[14]; ver também "Brief an die Genossen" [Carta aos camaradas], em ibidem, p. 469[15]). Assim, ele ressalta o modo como o desen-volvimento objetivo da revolução necessariamente impele para a insurreição

---

[14] Cf. Vladimir I. Lenin, "Marxismus und Aufstand. Brief an das Zentralkomitee der SDAPR", em *Werke*, v. 26, cit., p. 4-10. Ed. port.: "O marxismo e a insurreição" [excerto], em *Obras escolhidas*, t. 2, cit., p. 308-12.

[15] Cf. idem, "Brief an die Genossen", em *Werke*, v. 26, cit., p. 182-203. Ed. port.: "Carta aos camaradas bolcheviques que participam do Congresso Regional dos Sovietes da Região do Norte" [excerto], em *Obras escolhidas*, t. 2, cit., p. 370-4.

44 | Reboquismo e dialética

(guerra, fome, movimento dos agricultores, oscilação das classes mais altas, desenvolvimento revolucionário do proletariado), para que a insurreição seja bem-sucedida, e o modo como esse desenvolvimento repercute na postura da classe trabalhadora. (Em julho, os trabalhadores e os soldados "não estavam então dispostos a *bater-se*, a *morrer* pela posse de Petrogrado" ["Marxismus und Aufstand", p. 442][16].) Porém, quando a situação objetiva ficou madura para a insurreição, quando chegou o "instante" da insurreição, o fator *subjetivo e consciente* do processo revolucionário se alçou à condição de atividade autônoma. Lenin contrasta com muita nitidez a atuação apenas elementarmente revolucionária das massas com essa intervenção ativa e decisiva da vanguarda consciente de sua classe. Assim ele escreve sobre a situação anterior ao outono e a situação no outono: "Por outro lado, precisa-se da disposição resignada e desesperada da massa, *que sente* que com meias medidas não se pode salvar mais nada, que não há como falar de <11> 'influenciar', que os famintos 'farão picadinho de tudo, e até de modo puramente anarquista', caso os bolcheviques decidam não as liderar na luta decisiva" ("Brief an die Genossen", p. 467)[17]. Se examinarmos mais detidamente, do ponto de vista metodológico, que é o que nos importa aqui, suas observações sobre a insurreição em si, que recorrem a uma passagem em "Revolution und Konterrevolution in Deutschland" [Revolução e contrarrevolução na Alemanha] (p. 117)[18], elas, por um lado, ressaltam os fatores conscientemente *realizados* (agrupamento de forças, ataque surpresa etc.), ou seja, produzidos pela parte subjetiva; por outro, apontam com a maior precisão possível para os fatores puramente subjetivos (determinação, superioridade moral etc.) ("Marxismus und Aufstand", p. 449)[19]. A insurreição como arte constitui, portanto, um fator do processo revolucionário, dentro do qual *o fator subjetivo possui uma preponderância decisiva*. É supérfluo repetir que tanto a possibilidade dessa preponderância, isto é, a situação objetiva favorável para a insurreição, quanto a existência de um sujeito como esse, de um partido comunista, são produtos do desenvolvimento econômico, do desenvolvimento social, embora seja óbvio que nenhum deles se

---

[16] Ed. port.: idem, "O marxismo e a insurreição", cit., p. 309.

[17] A citação não consta do excerto da edição portuguesa.

[18] Friedrich Engels, "Revolution und Konterrevolution in Deutschland", em Karl Marx e Friedrich Engels, *Werke*, v. 8 (Berlim, Dietz, 1960), p. 5-108.

[19] A citação não consta do excerto da edição portuguesa.

desenvolva *independentemente* do sujeito, nenhum deles seja *simples produto* do processo de desenvolvimento social elementar. O fator subjetivo alcança nesse "instante" sua importância predominante justamente porque, e na medida em que, já esteve atuando de modo consciente e ativo no desenvolvimento precedente. (Bom exemplo às avessas é o "Outubro alemão", que teve Thalheimer[20] como teórico do reboquismo espontâneo.) Porém, no "instante", a decisão e, com ela, o destino da revolução proletária (com o desta, também o futuro da humanidade) dependem do fator subjetivo. É impossível formular corretamente o conceito leninista do processo revolucionário sem entender essa importância central da insurreição como arte; Lenin disse que, no momento presente (e isso se refere a *todas* as situações revolucionárias), "não se pode permanecer leal ao marxismo e à revolução sem tratar a insurreição como arte" (ibidem, p. 445)[21].

Por certo, o camarada Lenin voltou-se de forma incisiva contra todo subjetivismo "de esquerda" (numa dessas oportunidades, também eu recebi merecida repreenda dele por causa de um artigo sobre o parlamentarismo, no periódico *Kommunismus* [Comunismo][22], de 1920). Contudo, justo essa polêmica mostra com toda a clareza possível que Lenin de modo algum combateu por princípio o reconhecimento do fator subjetivo, mas apenas sua *aplicação incorreta*. Ele combateu, por um lado, toda avaliação incorreta da situação objetiva, ou seja, concepções que, de modo <12> leviano, davam como existente um "instante" decisivo, mesmo que objetivamente ele não estivesse dado; por outro lado, os pontos de vista que generalizaram de forma mecânica para todo o processo o papel decisivo que cabe ao fator subjetivo ativamente consciente, imaginando que uma repercussão desse tipo seria possível a qualquer tempo e sob todas as circunstâncias, não só em condições concretas bem determinadas; ele combateu, portanto, os pontos de vista que – à diferença do camarada Rudas, que dissolve os "instantes" completamente no "processo" e, assim, chega (na melhor das hipóteses) a uma teoria luxemburguiana da espontaneidade – convertem

---

[20] August Thalheimer (1884-1948), político e teórico comunista alemão, membro do Comitê Central do Partido Comunista Alemão de 1919 a 1924, liderou o partido no período do "Outubro alemão", como é chamado o plano malogrado do Comitê Executivo da Internacional Comunista (Ceic) de aproveitar-se da crise política da República de Weimar, no ano de 1923, para promover a revolução armada na Alemanha. Os comunistas queriam tomar o poder na Alemanha, seguindo o exemplo da Revolução Russa de outubro de 1917, e dar o sinal para a revolução na Europa central.

[21] A citação não consta do excerto da edição portuguesa.

[22] Sobre essa publicação, ver, neste volume, a "Nota do editor húngaro".

a verdade concreta dos "instantes" determinados, concretamente históricos, na inverdade abstrata de uma influenciação permanentemente decisiva do processo. Tal teoria do instante "de esquerda" negligencia exatamente o fator da inversão dialética, exatamente a essência revolucionária concreta do "instante". Da insurreição como arte resulta um jogo com a insurreição, o papel ativo justificado do sujeito é transformado em fraseologia do subjetivismo.

Porém, o domínio do proletariado introduz uma mudança quantitativa tão significativa que ela adquire caráter qualitativo. Quando a ditadura do proletariado é exercida por um partido comunista autêntico (portanto, *não* como acontece na Hungria), essa função do fator subjetivo adquire certa constância que, todavia, é dialeticamente limitada. Não é como se o partido, dali por diante, pudesse mudar arbitrariamente a estrutura econômica do país, mas, em meio à luta das diversas tendências socioeconômicas que é claro que ainda reagem de modo elementar, o partido (e, através dele, tanto o aparato de Estado quanto a massa dos trabalhadores) está em condições de influenciar *consciente e ativamente* o desdobramento dessas tendências. Sempre que teve oportunidade, Lenin combateu de forma incisiva os camaradas "de esquerda" que superestimaram a importância, a solidez e a constância desse fator; não o fez por princípio, mas porque as maneiras como eles formulavam a questão eram abstratas e porque seu caráter abstrato falsifica os fatores concretos-dialéticos da situação concreta. Mas ele não combateu com menos vigor aqueles que não tomaram conhecimento da importância do fator subjetivo, que capitularam de modo derrotista diante das tendências elementares que irrompiam de modo economicamente necessário. Limito-me a citar as seguintes sentenças de um discurso proferido na XI Convenção do PCR[23].

> O capitalismo de Estado é o capitalismo cujos limites teremos condições de determinar, de fixar. Esse capitalismo de Estado está ligado ao Estado, e o Estado é constituído por trabalhadores, e o segmento mais avançado dos trabalhadores, a <13> vanguarda, somos nós. O capitalismo de Estado é o capitalismo ao qual teremos de impor limites bem determinados, mas ao qual até hoje não havíamos conseguido impô-los. Isso é tudo. E depende, sim, de nós como será esse capitalismo de Estado.

"Depende de nós", diz, portanto, Lenin. Naturalmente, não em todos os casos nem do mesmo modo em toda parte. Trata-se, porém, de uma falsificação

---

[23] Cf. Vladimir I. Lenin, "Schlusswort zum politischen Bericht des ZK der KPR(B)", em *Werke*, v. 33 (Berlim, Dietz, 1977), p. 296-309.

da teoria de Lenin, de sua conversão em reboquismo e menchevismo, afirmar (como faz o camarada Rudas em *AL*, v. 12, p. 1.085) que, segundo Lenin, a única coisa necessária para a revolução seria "dar o passo de gigante do desenvolvimento das forças produtivas". Do mesmo modo, é uma falsificação de meus pontos de vista afirmar que "só" a consciência de classe do proletariado seria a força motriz da revolução. Em *determinadas situações* (por isso, o termo "instante"), ela de fato é o fator decisivo. Até o camarada Rudas admitirá que, no decorrer da revolução, momentos muito favoráveis não foram aproveitados. Trata-se, no entanto, de uma postura não bolchevista, não leninista, afirmar *post festum* que o proletariado teria estado "claudicante", que ele não estivera "maduro" para agir ou até que o desenvolvimento das forças produtivas "ainda não" permitira a transição para a revolução. O fato de estarmos no período da revolução repousa – em termos objetivamente econômicos – em as forças produtivas já terem atingido esse estágio de desenvolvimento. Todavia, se justo nos países decisivos o proletariado estiver subjetivamente imaturo para a revolução, é óbvio que isso tem razões sociais objetivas, entre as quais, contudo, fatores subjetivos que se converteram em fatores objetivos desempenham um papel extraordinariamente importante. (Por exemplo, o fato de o primeiro grande movimento revolucionário dos trabalhadores ingleses, o cartismo, ter ruído bem na época do intenso crescimento capitalista, ainda antes do início das bem-sucedidas lutas sindicais de cunho econômico; as tradições da grande revolução burguesa, o sindicalismo proudhonista na França; a revolução a partir de "cima" como fundadora da unidade nacional e do Estado imperialista burguês – visto da perspectiva econômica – na Alemanha etc.) Mas quando o desenvolvimento econômico abala as bases sociais desse <14> Estado, é *então* que depende *da consciência de classe do proletariado* se a crise se torna letal para a burguesia ou se esta conseguirá superá-la. "Só quando as 'camadas inferiores' não conseguem mais viver à maneira antiga, só então a revolução poderá obter a vitória" (*Kinderkrankheit* [Doença infantil], p. 63)[24]. O camarada Rudas acredita mesmo que esse "querer" não passa de uma frase decorativa em Lenin? (Do jeito que ele costuma citar com sarcasmo em diversas passagens – ... – "o reino da liberdade", parece que ele presume isso em Marx e Engels.) Para um comunista, também deveria ser lugar-comum que Lenin não concebeu esse

---

[24] Cf. idem, "Der 'linke Radikalismus', die Kinderkrankheit im Kommunismus", em *Werke*, v. 31 (Berlim, Dietz, 1966), p. 1-91. Ed. bras.: *Esquerdismo: doença infantil do comunismo* (5. ed., São Paulo, Global, 1981).

querer de modo espontâneo e elementar. Ele deveria saber que a vacilação ou a determinação das massas depende, em grande parte, do comportamento sábio e resoluto ou covarde, reboquista e fatalista da vanguarda consciente e ativa, do Partido Comunista, da "forma [...] da consciência de classe do proletariado" (*G.u.K.*, p. 335)[25]. Também neste ponto, um único enunciado de Lenin deve bastar:

> É verdade que "ocasionalmente" se esquece de que a linha firme do partido, sua determinação inflexível, *igualmente constitui um fator* do estado de ânimo, especialmente quando os momentos revolucionários se aproximam de um desfecho. Às vezes é bastante *oportuno* esquecer que, por suas vacilações e sua propensão a esquecer tudo o que veneraram no dia anterior, os líderes responsáveis introduzem vacilações sumamente indecentes no estado de ânimo de certas camadas das massas. (*Sammelband*, p. 465)[26]

Há, portanto, momentos do processo ("instantes") em que a decisão depende "só" da consciência de classe do proletariado. Depois do que foi exposto, considera-se óbvio que esses momentos não pairam no ar, não podem ser aleatoriamente provocados, mas são produzidos pelo processo objetivo e, portanto, não podem ser isolados dele. A meu ver, não só não há como isolá-los do processo, como sua ocorrência no processo até contribui essencialmente para a caracterização deste e, por essa razão, o entendimento bolchevista-revolucionário (e não o reboquista) do próprio processo é determinado pelo conhecimento dessa conexão. Pois, enquanto os mencheviques concebem inclusive os momentos decisivos, nos quais desponta a influência ativa do fator subjetivo, segundo <15> o esquema de um "desenvolvimento gradativo", os bolcheviques devem descobrir o caráter recém-descrito dos momentos decisivos também no próprio processo. Isto é, eles descobrirão esse caráter não evolutivo, não orgânico da estrutura do processo, que se desdobra em oposições, aos trancos, por meio de avanços e retrocessos, em cada momento – aparentemente – tranquilo. As teses que subsidiaram a organização do III Congresso dizem: "Não há momento em que um partido comunista não pudesse estar ativo". Por quê? Porque não pode haver momento em que esse caráter do processo, o embrião, a possibilidade da influência *ativa* do fator subjetivo estivesse

---

[25] György Lukács, *História e consciência de classe*, cit., p. 579.

[26] Cf. Vladimir I. Lenin, "Brief an die Genossen", em *Werke*, v. 26, cit., p. 182-203. Ed. port.: "Carta aos camaradas", cit. A citação não consta do excerto da edição portuguesa.

totalmente ausente. "E o que é, por exemplo, cada greve, senão uma pequena crise da sociedade capitalista? Por acaso não tinha razão o ministro do Interior prussiano, o sr. Von Puttkammer, quando pronunciou a famosa frase: 'Em cada greve espreita a hidra da revolução!'?" (Lenin, *Rede über die Revolution von 1905* [Discurso sobre a Revolução de 1905], p. 96)[27]. É justamente nesse ponto que a quantidade se converte em qualidade. Contudo, quem cerra os olhos para a questão básica jamais conseguirá apreender corretamente, nem em grande nem em pequena escala, esse lado do processo; quem, como Rudas, movido pelo medo reboquista de incorrer em algum "subjetivismo", nega por completo tais momentos, necessariamente reagirá de modo bem mais fatalista e reboquista aos momentos não tão aparentes (como tiveram de experimentar tantas vezes os camaradas húngaros que cooperaram com o camarada Rudas).

Está claro que não há maneira de coadunar essa perspectiva reboquista com a *preparação* da revolução, questão básica do leninismo. Em seu texto, o camarada Rudas de fato reconsidera a posição de Lenin – todavia, sem ter consciência disso –, introduzindo o conceito "prever" sempre que o tema de que ele trata força-o a ir na direção do conceito da preparação.

> Por ora, o proletariado não está maduro para seu ato de libertação. O amadurecimento depende de muitas circunstâncias, entre as quais a consciência do proletariado também desempenha certo papel, talvez até importante. Mas isso não impede de *prever* que o proletariado terá de amadurecer, que terá de chegar o tempo em que ele cumprirá sua missão, que ele tomará consciência também disso. (*AL*, v. 10, p. 696-7)

<16> Não se trata aqui de mero descarrilamento estilístico casual, o que é evidenciado não só pela repetição dessa expressão, como pelo fato de o camarada Rudas me jogar na cara, como consequência terrível de meu "subjetivismo", que, "nesse caso, os sociais-democratas têm razão com sua teoria de que o proletariado precisa primeiro ser educado e instruído antes que se possa dar início à revolução! Nesse caso, os sociais-democratas têm toda razão com a 'política' de restringir sua atividade unicamente a um 'trabalho de formação'!" (*AL*, v. 12, p. 1.086). É claro que o camarada Rudas pensa que uma intervenção ideológica só é possível pela via do "trabalho de formação"; outro tipo de intervenção acontece por meio da economia que se impõe na mente das pessoas (de forma automática, sem qualquer agir ativo ou mesmo consciente). Nem o próprio camarada Rudas

---

[27] Cf. idem, "Ein Vortrag über die Revolution von 1905", em *Werke*, v. 23 (Berlim, Dietz, 1958), p. 244-62.

se dá conta do quanto ele é kantiano nesse ponto, do quanto ele concebe os problemas da ideologia de modo subjetivista-kantiano, segundo o esquema da separação exata entre razão "pura" e razão "prática". É claro que sou suficientemente "subjetivista" para não subestimar o trabalho de formação e consideraria desejável que camaradas como Rudas se dedicassem, com urgência, a fundo, aos escritos de Lenin sobre organização antes de emitirem, em nome do leninismo, um palavreado quase bernsteiniano contra o "subjetivismo".

2. Atribuição

Desse modo, contudo, nos encontramos novamente diante de um dos pecados teóricos capitais que, na opinião do camarada Rudas, eu teria cometido. Refiro-me à assim chamada consciência de classe "atribuída".

Antes de abordar o problema propriamente dito, o leitor me permita algumas observações introdutórias. Em primeiro lugar, como ocorre em relação a todo problema de que tratei em meu livro, não chego a dar nenhuma importância especial ao termo "atribuição". Se ficar demonstrado que aquilo que eu quis dizer com essa expressão – e o que, no essencial, ainda hoje considero correto e defenderei a seguir – pode ser colocado de outro modo, de um modo melhor, menos sujeito a mal-entendidos, não chorarei a perda do termo <17> "atribuição". Se a expressão for ruim, que desapareça. Portanto, mesmo que eu não acompanhe Rudas quando ele discorre detalhadamente sobre o significado e a origem da *palavra* "atribuição" (e tem a intenção de falar apenas do *assunto propriamente dito*), devo observar que ele – não importa se por desconhecimento dos fatos ou intencionalmente – também nesse ponto facilita demais as coisas para si mesmo. Rudas apresenta o assunto como se "atribuição" significasse dependência funcional e fosse, portanto, um termo matemático, cuja função consiste em substituir a causalidade (*AL*, v. 10, p. 670 ss.). Isto é objetivamente incorreto. "Atribuição" é um antigo termo *jurídico*. Se bem me lembro, já encontrado em Aristóteles. Entretanto, o significado com que emprego a palavra só se tornou usual na jurisprudência posterior. Mais precisamente, proveniente de uma tendência *objetivista*, pretende-se que ele ajude a deslindar o nexo causal objetivamente decisivo entre a confusão de nexos superficiais e estados psicológicos subjetivos. Por exemplo, um objeto cai de uma janela e mata um pedestre na rua. Quem é – juridicamente – culpado pela morte e qual é exatamente a culpa da pessoa em questão? Não entra em cogitação em primeira linha o que a pessoa pensou ou o que tinha em mente, mas se ela *poderia* e *deveria* saber que sua ação ou sua negligência normalmente *teriam de* levar a essa consequência. Para não me perder demais num detalhe secundário – a esse debate –, remeto a uma determinação conceitual como a do *diligens pater familias* [bom pai de família] do direito romano. Está claro para que servem tais determinações conceituais. Para ajudar a reconstruir o *objetivamente* essencial de uma situação legal a partir dos fatos, para elaborar o que é objetivamente *típico* num caso como esse. (Esse objetivamente típico de modo algum precisa coincidir sempre com a média estatística, embora seja óbvio que, em condições normais, ele se desloque nessa direção; porém, por exemplo, numa conjuntura de fraude, é perfeitamente possível que a média dos especuladores não adote a praxe do comerciante "normal", mas esta pode, ainda assim, permanecer determinante para a atribuição jurídica.)

<18> Ora, na ciência histórica, esse método é – consciente ou inconscientemente – aplicado sem cessar, isto é, a partir dos fatos de que dispomos, tenta-se reconstruir a situação objetiva, e os fatores "subjetivos" são explicados a partir dela (não o inverso). Deixando de lado detalhes irrelevantes, a partir dessa situação objetiva se reconhece o que os homens nela atuantes, capazes de uma compreensão em geral correta da situação, foram capazes de fazer ou deixar de fazer; e, portanto, a partir desse critério são avaliadas suas compreensões erradas e as corretas. Como exemplo, remeto apenas a *Kriegsgeschichte* [História da guerra], de Delbrück[28], dado que, nesse caso, o camarada Rudas talvez, em vista do parecer favorável de Mehring[29], consiga se tranquilizar no sentido de que aprender algo dessa história não maculará sua pureza marxista. Porém, se quiser ler o artigo de Engels sobre a guerra de 1870-1871, poderá encontrar um método parecido quando ele faz a crítica da campanha militar de Bourbaki. (Ver, por exemplo, *Notes on the War*, Viena, 1923, p. 122-3, 127 etc.)[30] Não é diferente com a crítica política. A crítica

---

[28] Hans Delbrück, *Geschichte der Kriegskunst im Rahmen der politischen Geschichte* [História da arte da guerra no quadro da história política] (Berlim, G. Stilke, 1900-1920; reimpressão: Berlim, Walter de Gruyter, 1962-1966), 4 v.

[29] Franz Mehring, *Eine Geschichte der Kriegskunst* (Stuttgart, Singer, 1908).

[30] Friedrich Engels, *Notes on the War: Sixty Articles, Reprinted from the "Pall Mall Gazette", 1870-1871* (org. Friedrich Adler, Viena, Verlag der Wiener Volksbuchhandlung, 1923). Texto em inglês disponível em: <www.marxists.org/archive/marx/works/1870/notes-war/index. htm>; acesso em: 24 jun. 2015. Ed. alemã: "Über den Krieg", em Karl Marx e Friedrich Engels, *Werke*, v. 17 (Berlim, Dietz, 1962), p. 11-4, disponível em: <www.mlwerke.de/me/ me17/me17_udk.htm#A>; acesso em: 24 jun. 2015.

52 | Reboquismo e dialética

que Marx e Engels dirigiram contra os partidos burgueses em 1848-1849 consiste – metodologicamente – em apontar o que estes deveriam ter feito em vista da situação política e econômica objetiva e, não obstante, deixaram de fazer. Pense-se na crítica que Marx faz, em *O 18 de brumário*, à política da Montanha e do Partido da Ordem. A análise da situação objetiva evidencia não só a impossibilidade puramente objetiva de determinado passo ou de um sucesso (a impossibilidade de uma vitória proletária na Batalha de Junho), mas também, em algumas passagens, a incapacidade subjetiva de classes, partidos e seus líderes para tirar as consequências possíveis da situação dada e agir de acordo com elas. Assim, por exemplo, na análise da luta entre o ministério não parlamentarista de Bonaparte e o Partido da Ordem, quando o ministro do Interior falou da ameaça à tranquilidade. Marx explica:

> Bastou apenas que esse tal Vaïsse conjurasse o espectro vermelho para que o Partido da Ordem rejeitasse, sem discussão, uma moção que teria conquistado para a Assembleia Nacional enorme popularidade e trazido Bonaparte de volta aos seus braços. Em vez de deixar-se intimidar pelo Poder Executivo com a perspectiva de novas agitações, ela deveria ter dado uma pequena chance à luta de classes, para colocar o Executivo na dependência dela. (*Der 18. Brumaire*, p. 74-5)[31]

Contudo, enquanto estivermos tratando só de classes, que – em consequência <19> de sua situação econômica – necessariamente atuam *com falsa consciência*, basta, na maioria dos casos, contrapor a falsa consciência à realidade objetiva da vida econômica para que se compreenda de modo correto a situação histórica, o curso do processo histórico. Porém, do exemplo já citado podemos tirar a lição de que a simples contraposição nem sempre é suficiente. Porque também a "falsa consciência" pode ser falsa em termos dialéticos e em termos mecanicistas, isto é, há circunstâncias objetivas *impossíveis* de ser ignoradas por essa classe (conforme a situação em que ela se encontra) e, no interior das mesmas circunstâncias, há situações a ser reconhecidas, nas quais é *possível* agir (em termos de classe), consciente ou inconscientemente, em conformidade com a situação objetiva. Contudo, os pensamentos reais sobre tais situações (por parte de classes, partidos, lideranças) nem sempre alcançam o nível de acerto que teria sido possível para eles em termos de classe. Entre a

---

[31] Karl Marx, "Der achtzehnte Brumaire des Louis Bonaparte", em Karl Marx e Friedrich Engels, *Werke*, v. 8, cit., p. 111-207. Ed. bras.: Karl Marx, *O 18 de brumário de Luís Bonaparte* (trad. Nélio Schneider, São Paulo, Boitempo, 2011), p. 109.

consciência que eles de fato têm sobre a própria situação e a consciência que eles – conforme *a própria* situação de classe – *poderiam* ter sobre essa situação há uma distância, e transpô-la na medida do possível é justamente a tarefa dos partidos e de seus líderes. (Repito: o segundo caso do dilema *não* coincide com o conhecimento objetivamente correto da situação histórica; esse só é possível com base no materialismo histórico.)

O proletariado se encontra numa situação diferente. O proletariado *pode* – conforme sua situação de classe – ter um conhecimento correto do processo histórico e de cada uma de suas etapas. Mas ele tem esse conhecimento em todos os casos? De jeito nenhum. E, uma vez constatada essa distância como *fato*, é dever de todo marxista refletir seriamente sobre as *causas* dessa distância e – principalmente – sobre os *meios para sua superação*. Essa questão é o *núcleo objetivo* do que me diferencia do camarada Rudas quanto ao problema da "atribuição", entendendo-se por consciência de classe "atribuída" a consciência que pode ser alcançada pelo proletariado e que corresponde a sua respectiva situação econômica objetiva. Usei a expressão "atribuição" para explicitar com toda clareza essa distância e repito que estou totalmente disposto a descartá-la caso ela acarrete mal-entendidos, assim como, *quanto à questão propriamente dita*, não estou nem um pouco disposto a recuar um passo sequer da consideração *bolchevista* da luta de classes para favorecer as objeções reboquistas mecanicistas.

<20> Como deve ser do conhecimento dos leitores que acompanham essa polêmica, minhas exposições partem do seguinte enunciado de Marx (*Die heilige Familie* [A sagrada família], Mehring's Nachlaßausgabe [edição póstuma de Mehring], v. 2, p. 133)[32]: "Não se trata do que este ou aquele proletário ou até mesmo do que o proletariado inteiro pode *imaginar* por ora [*einstweilen*] como meta. Trata-se *do que o proletariado é* e do que ele será obrigado a fazer historicamente de acordo com seu *ser*". O camarada Rudas torna muito cômoda para si a polêmica sobre meu entendimento dessa frase, segundo a qual esta se refere ao estado de coisas descrito acima e simultaneamente à *tarefa* do partido proletário de superar a distância entre ser e consciência ou, mais exatamente: entre a consciência que *corresponde objetivamente* ao ser econômico

---

[32] Karl Marx e Friedrich Engels, "Die Heilige Familie oder die Kritik der kritischen Kritik", em Franz Mehring (org.), *Aus dem literarischen Nachlass von Karl Marx, Friedrich Engels und Ferdinand Lassalle*, v. 2 (Stuttgart, J. H. W. Dietz, 1902), p. 65-327. Ed. bras.: *A sagrada família* (trad. Marcelo Backes, São Paulo, Boitempo, 2003), p. 49 (com modificações).

54 | Reboquismo e dialética

do proletariado e uma consciência cujo *caráter de classe* fica aquém desse ser. No entendimento de Rudas, Marx quer dizer o seguinte:

> Os escritores socialistas atribuem ao proletariado certo papel histórico universal. Por que eles fazem isso e por que podem fazer isso? Porque a sociedade atual está sujeita a certas leis que prescrevem a trajetória futura da sociedade com a mesma necessidade com que a trajetória de uma pedra arremessada para baixo é descrita pelas leis dos corpos em queda. A pedra não tem a menor ideia de que sua queda é prescrita necessariamente por forças da natureza; da mesma forma, pode ser que por ora o proletariado não tenha a menor noção de seu papel. Mas apenas *por ora* [*einstweilen*], diz Marx. Pois, dado que os proletários não são pedras, mas seres humanos dotados de consciência, logo também tomarão consciência de seu papel histórico. Os ingleses e os franceses já estão começando a tomar consciência de sua tarefa histórica, e logo os demais os acompanharão. Como sei disso? Do fato de eu – diz Marx –, na condição de materialista, saber que a consciência depende do ser social, que ela é produto desse ser social. Como esse ser é constituído de tal forma que o proletariado é forçado pela miséria etc. a agir assim de modo absolutamente necessário, assim também é absolutamente necessário que com o passar do tempo também desperte nele a consciência. (*AL*, v. 10, p. 695-6)

A tarefa do "marxista" é vislumbrada por ele numa expressão já citada anteriormente: *prever* esse desenvolvimento (idem; expressão grifada por Rudas).

Acredito, no entanto, que Marx de modo nenhum teria se dado por satisfeito com essa tarefa "marxista" de "prever" que com o tempo o proletariado alcançará maturidade ideológica, de forma naturalmente necessária. Também sobre isso ele externou algumas vezes sua opinião de um modo totalmente inequívovoco. [21] Limito-me a citar aqui palavras suas extraídas dos "Comunicados confidenciais": "Os ingleses possuem todas as precondições materiais necessárias da revolução social. O que lhes falta é o espírito da generalização e a paixão revolucionária. Só o Conselho Geral é capaz de insuflá-los e, desse modo, acelerar a marcha de um movimento verdadeiramente revolucionário nesse país e consequentemente em toda parte" (*Briefe an Kugelmann* [Cartas a Kugelmann], Viva, p. 69)[33]. Duas constatações revestem-se de grande importância para nós neste ponto. Em primeiro lugar, para Marx pareceu possível e, a seu ver, manifestamente não estava em contradição com o materialismo histórico, mas, muito antes, decorre dele, que a maturidade objetiva para a

---

[33] Karl Marx, *Briefe an Kugelmann (aus den Jahren von 1862 bis 1874) mit einer Einleitung von N. Lenin* (Berlim, Viva, 1927).

revolução pode estar dada e a consciência do proletariado pode *permanecer aquém do desenvolvimento econômico objetivo*. Em segundo lugar, que é *tarefa* da Internacional, do partido proletário internacional, intervir *ativamente* nesse processo de desenvolvimento da consciência de classe do proletariado de seu nível de fato dado até seu nível objetivamente possível. Não se pode indicar de modo incisivo o bastante que, para a questão discutida aqui, a saber, para a questão *metodológica* fundamental do materialismo histórico, é totalmente indiferente se Marx se enganou na avaliação da situação inglesa daquele tempo. Os oportunistas de todos os matizes insistem em apontar esse julgamento "equivocado" da situação, para essa "superestimação da maturidade revolucionária" da situação por parte de Marx e Engels. Sem entrar nos detalhes dessa discussão, é preciso ressaltar de forma sucinta que o simples fato de a revolução não ter acontecido nem de longe é prova de que as condições objetivas para a revolução realmente estivessem ausentes; ver a citação anterior de Lenin. Temos de manter aqui, porém, o *núcleo metodológico* do enunciado de Marx. Ora, o camarada Rudas – como vimos – admite que a diferença no nível da consciência de classe entre o proletariado é fato. E ele não só nos prescreve a receita "puramente marxista" de "prever" que com o tempo esse fato se modificará de modo necessariamente natural, como ainda fundamenta esse entendimento em outra passagem de seus artigos.

> E quando os proletários não são plenamente ou são pouco "conscientes da classe" ou até têm uma mentalidade hostil à classe, isso ocorre porque sua situação no próprio processo econômico não é puramente típica. Ou não estão trabalhando em grandes empresas ou então pertencem ao proletariado pequeno-burguês. (*AL*, v. 10, p. 693)

Ocorre que as classes são formações fluidas, diz o camarada Rudas corretamente; porém, do contexto de suas exposições resulta o entendimento muito incorreto, muito <22> não dialético, como se essa fluidez fosse "fluir" por si só, sem a *intervenção consciente* do Partido Comunista, de modo necessário-natural, até a apreensão correta da situação da classe. Ou, então, para não ferir a inexorabilidade econômico-materialista do camarada Rudas: essas diferenças deixarão de existir quando a situação no próprio processo econômico se tornar "puramente típica", quando, por exemplo, os trabalhadores norte-americanos forem trabalhar em grandes empresas, pois, como se sabe, esse atraso técnico da organização social norte-americana constitui a razão decisiva para o subdesenvolvimento de sua consciência de classe.

56 | Reboquismo e dialética

Mas, falando sério, obviamente nem me ocorre diminuir a importância desse fator. (Ver, a respeito, *G.u.K.*, p. 325.)[34] Quando se analisa o desenvolvimento global do proletariado por uma perspectiva ampla que abrange épocas inteiras, esse entendimento até está correto; entretanto, é preciso fazer importantes modificações, das quais logo trataremos mais detidamente. Porém, para a política prática – e esperamos que também para o camarada Rudas esta seja uma parte importante da teoria de Marx –, ele de modo algum é sem mais nem menos correto. Começando pelos primórdios do aparecimento autônomo do proletariado na Alemanha, onde foram justamente os trabalhadores das empresas maiores, que operam com a maquinaria tecnicamente mais desenvolvida (Borsig etc.), que de forma mais obstinada se aferraram à associação organizacional com os partidos burgueses e pequeno-burgueses, ao passo que os trabalhadores da indústria do tabaco, os sapateiros, os alfaiates etc. foram os que mais rapidamente se integraram ao movimento revolucionário (ver, por exemplo, Mehring, *Parteigeschichte* [História do partido], v. 3, p. 106 ss.)[35], até chegar aos trabalhadores da região central, ou seja, da região do rio Ruhr, que verdadeiramente não trabalham em pequenas empresas, ou até o movimento húngaro, no qual o camarada Rudas poderia ter observado alinhamentos parecidos; há em toda parte um quadro parecido: a clareza e a abertura da autoconsciência proletária não se graduam exclusivamente e muitas vezes nem sequer em primeira linha pelo critério de grande e pequena empresas, e a consciência de classe dos que trabalham nas mesmas empresas (até mesmo quando provêm de ambientes sociais parecidos, ou seja, quando não são camponeses que acabaram de migrar para a cidade nem filhos de trabalhadores) quase sempre é bem diversificada. Portanto, nossa análise das graduações da consciência no proletariado não deve se contentar com essa constatação evidente e que soa bastante cativante. Pois ela por si só necessariamente levaria ao fatalismo. (Ver o caso do camarada Rudas.)

<23> Na passagem citada, o camarada Rudas alude à aristocracia trabalhadora sem perceber que, fazendo isso, afronta sua própria convicção, pois a aristocracia trabalhadora se recruta – predominantemente – justo entre as

---

[34] György Lukács, *História e consciência de classe*, cit., p. 404-5.

[35] Franz Mehring, *Geschichte der deutschen Sozialdemokratie* (2. ed., Stuttgart, Dietz, 1903--1904), 4 v.

camadas da classe trabalhadora que, segundo seu entendimento, deveriam pertencer ao "tipo mais puro": a camada dos trabalhadores treinados, em sua maioria ativos em empresas maiores e tecnicamente mais avançadas. A teoria e a práxis social-democratas anteriores à [Primeira] guerra [Mundial] também partiam de uma convicção similar à do camarada Rudas: a despeito das enérgicas advertências de Marx e Engels, elas identificavam a consciência de classe da aristocracia trabalhadora com a consciência de classe do proletariado e, em caso de conflito, encaravam os interesses dessa camada como os interesses determinantes de toda a classe, sua consciência como a consciência determinante de toda a classe. E isso não deixa de ser coerente quando se concebe a consciência de classe como produto *mecânico* da situação econômica imediata dos trabalhadores, quando não se leva em consideração a *totalidade* das relações sociais. Para entrever a função inibidora do movimento revolucionário global da aristocracia trabalhadora, é preciso *abandonar a imediatidade*, é preciso reconhecer as forças dialéticas reais que produzem essa imediatidade e lhe atribuem sua função no contexto global. Lenin e seus discípulos desenvolveram e concretizaram esse aspecto das teorias de Marx e Engels. Eles reconheceram o perigo que decorre para o movimento revolucionário dos trabalhadores da identificação dos interesses e da consciência dessa camada do conjunto dos trabalhadores com os interesses de classe e a consciência de classe do proletariado. Cito algumas poucas explicações dentre muitas. Lenin define oportunismo como "o sacrifício dos interesses fundamentais das massas em favor de interesses efêmeros de um pequeno número de trabalhadores..." (*Gegen den Strom*, p. 157)[36]. Zinoviev se manifesta no mesmo sentido:

> Os interesses estreitamente corporativos dessa minoria de aristocratas privilegiados entre os trabalhadores são confundidos pelos chauvinistas sociais com os interesses da classe trabalhadora. Aliás, pode-se entender essa confusão a partir da circunstância de que as próprias lideranças dos sindicatos e as do Partido Social-Democrata oficial geralmente provêm dos círculos da aristocracia trabalhadora. A aristocracia trabalhadora e a burocracia trabalhadora são irmãs naturais. Quando falam dos interesses da classe trabalhadora, os chauvinistas sociais têm em vista – muitas vezes de modo totalmente inconsciente – os interesses da aristocracia trabalhadora. Mas, <24> na realidade, também nesse caso trata-se não tanto de interesses autênticos no sentido mais amplo da palavra, mas muito antes de vantagem

---

[36] Vladimir I. Lenin, "Der Zusammenbruch der II. Internationale", cit.

material imediata. Isso absolutamente não é a mesma coisa. (Zinoviev, *Der Krieg und die Krise des Sozialismus* [A guerra e a crise do socialismo], p. 546)[37]

A questão como tal está clara como a luz do sol.

Para nós, contudo, que desejamos obter clareza sobre a faceta *metodológica* do problema, surge a seguinte pergunta: com que direito o camarada Zinoviev diz que os interesses verdadeiros da classe trabalhadora e o benefício material imediato não são absolutamente a mesma coisa? Com que direito ele fala genericamente de interesses "verdadeiros" da classe trabalhadora, não só constatando, portanto, essa diferença enquanto diferença "sociológica" e derivando-a de sua raiz econômica, mas também ressaltando, ao mesmo tempo, que um dos interesses (e a consciência que lhe corresponde) é o correto e o outro é falso e perigoso? (Se encontrasse esse passo em meu livro, o camarada Rudas declamaria indignado contra a "valoração", contra a influência de Rickert etc.) A resposta é simples: uma das consciências corresponde à situação econômica e social global da classe, ao passo que a outra fica atolada na imediatidade de um interesse particular e transitório. Contudo, essa é apenas a parte inicial da pergunta. Pois, em primeiro lugar, já se trata aqui da apreensão teoricamente correta da situação objetiva da classe, na qual o ponto culminante é a *correção objetiva* da análise teórica. Em si e para si, as duas perspectivas são produtos causais do ser social na cabeça dos homens, que *nesse aspecto* não se diferenciam entre si. Sua diferença é a da análise do ser social objetivo, a saber, se essa análise é profunda ou superficial, dialética ou mecanicista, crítica em termos práticos ou enredada no fetichismo, cujos produtos são, de maneira imediata e de igual maneira, ambos pontos de vista. Sua diferença só aparece quando se vai além dessa imediatidade e quando se discernem as formas objetivas de mediação que permaneceram ocultas à consciência enredada na imediatidade. Essa também é a razão pela qual a teoria correta não só consegue refutar a falsa, como, ao mesmo tempo, é capaz de apontar para os fatores sociais do ser que produziram a teoria incorreta, os quais foram acolhidos pelos representantes da teoria incorreta em sua imediatidade irreflexiva e foram abstratamente generalizados de modo correspondente. (Assim, os bolcheviques conseguem explicar na teoria a história da gênese social do menchevismo, ao passo que inversamente só se repete a fraseologia sobre golpismo, <25> sectarismo etc.; assim, em sua polêmica contra o direito de autodeterminação, o camarada

---

[37] Grigori Zinoviev, *Der Krieg und die Krise der Sozialismus* (Viena, Verlag für Literatur und Politik, 1924).

Lenin pôs a descoberto as raízes históricas dos erros cometidos pelos "radicais de esquerda" poloneses e holandeses ao mesmo tempo que refutava suas teorias falsas – *Gegen den Strom*, p. 405 ss.)[38]

Em segundo lugar, não basta a mera análise da situação econômica objetiva, por mais correta que seja em termos teóricos. É preciso, ademais, desenvolver as *linhas de ação* corretas a partir dessa análise. Contudo, se a situação econômica objetiva já não está dada de modo imediato em sua correção *objetiva*, essas linhas e as palavras de ordem dela decorrentes precisam tanto mais ser *encontradas*. Elas de modo algum surgem "espontaneamente", e a espontaneidade de seu efeito entre os trabalhadores de modo algum é um critério seguro de sua correção. (O camarada Lenin aponta para o fato de que, sob certas circunstâncias, as falsas palavras de ordem "de esquerda" produzem um efeito imediato mais forte do que as palavras de ordem corretas, comunistas, mas acrescenta que "isso, contudo, ainda não é nenhuma prova da correção dessa tática" – *Kinderkrankheit*, p. 86.)[39] Justamente a reiterada necessidade de nadar "contra a correnteza" – tanto em Marx quanto em Lenin – comprova a insustentabilidade, a essência objetivamente não revolucionária de toda e qualquer "teoria da espontaneidade". Mas o que são, então, as palavras de ordem corretas, se não os pensamentos e os sentimentos da maioria dos trabalhadores ou da média dos trabalhadores? Elas são precisamente

> os pensamentos e os sentimentos etc. que os homens *teriam tido* em determinada situação da vida, *se tivessem sido capazes de compreender perfeitamente* essa situação e os interesses dela decorrentes, tanto em relação à ação imediata quanto em relação à estrutura de toda a sociedade conforme esses interesses; [...] os pensamentos etc. que estão em conformidade com sua situação objetiva. (*G.u.K.*, p. 62)[40]

Desse modo, logramos chegar à consciência de classe "atribuída". Pois é isso – nem mais nem menos – que se quer dizer com esse termo, não importa se for chamado de "atribuição" ou de qualquer outra coisa.

Todavia, o camarada Rudas levanta a seguinte objeção: com que direito denomino justamente essa consciência de consciência de classe? "Mas", diz

---

[38] Vladimir I. Lenin, "Ergebnisse der Diskussionen über das Selbstbestimmungsrecht", em Vladimir I. Lenin e Grigori Zinoviev, *Gegen den Strom*, cit., p. 382-414.

[39] Cf. idem, "Der 'linke Radikalismus', die Kinderkrankheit im Kommunismus", cit.

[40] György Lukács, *História e consciência de classe*, cit., p. 141.

ele, "não se denomina a consciência do proletariado de consciência de classe por espelhar correta ou falsamente sua situação, mas porque essa consciência, com todas as peculiaridades, *restringe-se ao proletariado*" (*AL*, v. 10, p. 690). <26> A segunda parte da sentença nada tem a ver com nossa questão. Obviamente, nesse caso, tanto a consciência correta quanto a falsa se restringem ao proletariado. Porém, qualquer agitador ou propagandista poderia dar para o camarada Rudas uma aula sobre a primeira parte da sentença. Ele perguntaria ao camarada Rudas se não é permitido falar de trabalhadores conscientes de sua classe *em oposição* aos não conscientes de sua classe (que igualmente são trabalhadores, cujo pensamento é determinado por seu ser proletário). Ele perguntaria ao camarada Rudas se tem o direito de negar que um fura-greve, ou mesmo um trabalhador vacilante, possui a consciência de classe do proletariado. Se tem o direito de apelar à consciência de classe dos trabalhadores ao detalhar-lhes a situação objetiva e as palavras de ordem dela decorrentes e dela deduzidas. Se com seus argumentos tem o direito de despertar ou reforçar neles essa consciência de classe. Contentar-se-á com a constatação de que o desenvolvimento econômico só foi capaz de produzir certo nível de consciência de classe na média dos trabalhadores e de que ele próprio – como marxista – "prevê" que esse desenvolvimento também elevará gradativamente o nível da consciência de classe? Por essa via, teríamos chegado ao pântano da teoria de Kautsky, ao *fatum* [à sina] chamado "nível das forças produtivas", o qual o camarada Stalin com toda razão estigmatiza como falsificação do marxismo. Se nada acontece, é

> porque no "nível das forças produtivas" que tínhamos naquela época nada mais poderia ter sido feito; a "culpa" é das "forças produtivas" [...] e se alguém não acredita nessa "teoria" é porque não é marxista. O papel do partido? Sua importância no movimento? Mas o que pode fazer o partido com um fator tão decisivo quanto o "nível das forças produtivas"? (*Lenin und der Leninismus* [Lenin e o leninismo], p. 31)[41]

O camarada Rudas talvez retrucasse: dependendo das circunstâncias, poderia ocorrer (embora isso seja incoadunável com sua convicção reboquista espontaneísta) que a teoria objetivamente correta e as palavras de ordem corretas dela decorrentes não fossem compreendidas pelos trabalhadores. Mas seria o mais puro idealismo atribuir a esse conhecimento correto (a "um

---

[41] Joseph Stalin, *Lenin und der Leninismus* (Viena, Verlag für Literatur und Politik, 1925).

conhecimento", *Apage satanas!* [Fora, satanás!]) um papel decisivo na luta de classes real, na história real. Já respondi a esse argumento ao tratar da chamada teoria do "instante", mediante a análise do conceito marxiano-leninista da "insurreição como arte". Por essa razão, será suficiente citar aqui a esse respeito alguns enunciados de Lenin extraídos da longa série de exposições similares. O camarada Lenin disse na XI Convenção do PCR: <27> "Os comunistas são uma gota no oceano dos povos. Eles só terão condições de conduzir o povo e conseguir que ele ande pelo caminho deles *quando determinarem corretamente esse caminho*" (*Inprekorr*, v. 2, n. 43; grifo meu)[42]. Em seu escrito *Doença infantil*, no qual resume as experiências do PCR para os comunistas não russos, ele começa sua resposta à pergunta sobre as condições principais do êxito dos bolcheviques enfatizando a teoria correta (*Kinderkrankheit*, p. 6-7)[43]. Tudo isso igualmente faz parte do abecê do marxismo e do leninismo, tornando ao mesmo tempo triste e ridículo eu ser obrigado a explicar isso com tantos detalhes. Contudo, foi preciso fazer isso porque chegamos à questão do partido, a uma questão que – consciente ou inconscientemente – constitui a causa do escândalo para qualquer adepto da teoria da espontaneidade. (Volto a remeter ao artigo do camarada Rudas sobre a ditadura húngara.) Digo com Marx: consciência de classe não é "o que este ou aquele proletário ou até mesmo o que o proletariado em seu conjunto representa por ora como fim"[44]; consciência de classe não é, portanto, um problema psicológico nem um problema da psicologia de massas. Neste ponto, o camarada Rudas interrompe indignado: "Agora é de se acreditar que o camarada Lukács descobriu um terceiro lugar em que a consciência de classe se realiza. Talvez na cabeça de um deus ou de muitos deuses, talvez na cabeça da dama História ou algo parecido" (*AL*, v. 10, p. 681), pois eu teria convertido a consciência em um espírito [*Dämon*] histórico, em um "demiurgo do real, da história" (ibidem, p. 687), eu seria um velho hegeliano etc. Ora, posso tranquilizar o camarada Rudas (ou melhor, intranquilizar seu reboquismo): *para um comunista*, nem é tão difícil encontrar esse "terceiro lugar"; ele é o *Partido Comunista*.

---

[42] Cf. Vladimir I. Lenin, "XI. Parteitag der KPR(B) – 2. Politischer Bericht des Zentralkomitees der KPR(B)", em *Werke*, v. 33, cit., p. 249-95 (p. 277).

[43] Cf. idem, "Der 'linke Radikalismus', die Kinderkrankheit im Kommunismus", cit.

[44] Karl Marx e Friedrich Engels, "Die Heilige Familie oder die Kritik der kritischen Kritik", cit., p. 133. Ed. bras.: *A sagrada família*, cit., p. 49 (com modificações).

Todos nós conhecemos a definição que o *Manifesto Comunista*[45] deu para comunistas e que o II Congresso do Comintern[46] assumiu quase por completo em suas teses. Em consequência disso, tornou-se lugar-comum ver o PC como a organização dos elementos do proletariado que têm consciência de classe. Porém, frases repetidas com muita frequência, mesmo que contenham somente a verdade, como nesse caso, correm o risco de serem aceitas e recitadas sem mais nem menos, irrefletidamente – contudo, nos momentos em que não as repetimos literalmente, seu significado real é desconsiderado por completo e até se afirma exatamente o contrário do que está contido nelas. Foi o que aconteceu com o camarada Rudas neste ponto. Ele se exalta em nobre indignação pelo fato de eu ter confundido a consciência com o conteúdo da consciência (*AL*, v. 10, p. 682) na passagem do livro por ele incriminada ("No entanto, é justamente essa cisão que oferece uma <28> via para compreender – como foi sublinhado na citação – que a consciência de classe não é a consciência psicológica de cada proletário ou a consciência (psicológica de massa) do conjunto, mas *o sentido, que se tornou consciente, da situação histórica da classe*." – *G.u.K.*, p. 85[47]). Entendo perfeitamente a indignação do camarada Rudas: seu kantismo a muito custo constantemente reprimido precisa às vezes aliviar a pressão e rebelar-se contra o entrelaçamento prático de forma e conteúdo. Pois da essência do kantismo faz parte separar forma e conteúdo de maneira exata, rígida e mecânica, o que, no caso ora em discussão, equivale a:

> Qualquer que seja o conteúdo da consciência, os pensamentos, os sentimentos, os objetivos etc. que os seres humanos têm podem mudar continuamente – em qualquer período de tempo, eles têm um complexo dessas coisas em mente e justamente esse complexo é denominado "consciência". E essa consciência *só* pode estar efetivada em termos psicológicos no ser humano individual ou em termos de psicologia de massa em muitos seres humanos. O significado desse "estar efetivada em termos psicológicos ou em termos de psicologia de massa" é decidido por uma ciência, mais exatamente uma ciência da natureza, a psicologia (psicologia de massa). (*AL*, v. 10, p. 682-3)

---

[45] Idem, *Manifesto Comunista* (trad. Álvaro Pina e Ivana Jinkings, São Paulo, Boitempo, 1998), p. 51-2.

[46] Cf. "Theses on the Role of the Communist Party in the Proletarian Revolution", em *Minutes of the Second Congress of the Communist International*, São Petersburgo, 19 jul.-7 ago. 1920, disponível em: <www.marxists.org/history/international/comintern/2nd-congress/ch03a.htm>; acesso em: 30 jun. 2015.

[47] György Lukács, *História e consciência de classe*, cit., p. 179.

A expressão simples disso é: o conteúdo da consciência é uma "questão sociológica", a consciência mesma é uma questão "psicológica"; só o que as duas questões cultivam entre si são relações bastante soltas, distantes e complexas, já que pertencem a "ciências distintas". O camarada Rudas diz:

> O que Lukács define na segunda parte de sua frase é apenas o que se torna consciente a eles e, portanto, apenas o conteúdo da consciência, que é o "sentido da situação histórica". Mas, permita-me dizer, isso é uma situação totalmente diferente! O que o conteúdo da consciência dos seres humanos é em cada caso e se esse conteúdo corresponde à realidade ou não são questões para si, que, no entanto, não têm absolutamente nada a ver com a questão se a consciência tem caráter psicológico ou de psicologia de massa! Seja o conteúdo verdadeiro ou falso, expresse ele ou não o "sentido da situação histórica", a consciência que abriga esse conteúdo pertencerá à psicologia individual ou à psicologia de massa! (Ibidem, p. 682)

Na opinião do camarada Rudas, decerto seria uma questão "sumamente interessante" aclarar a relação entre "a psicologia" e o marxismo; contudo, do jeito que ele formula a questão é remota a perspectiva de que ela acarrete algum resultado razoável.

<29> Se experimentarmos agora livrar a questão do tratamento esquemático kantiano dado a ela por Rudas, devemos perguntar: a consciência de classe (pois estamos falando aqui de consciência de classe, não da consciência em geral!) é um problema que pode ser tratado *separadamente* do *conteúdo* dessa consciência? As exposições que fizemos até aqui já mostraram que isso é impossível. Retornando ao exemplo anterior, quando negamos que um fura-greve possui a consciência de classe do proletariado, não estamos contestando que ele, conforme seu ser social, seja um trabalhador, nem que nele (em sua cabeça de trabalhador, camarada Rudas!) se desenrole um processo de consciência (e até mesmo um processo de consciência causal-necessário) que o leva a furar a greve. Contestamos apenas que o conteúdo *de sua consciência corresponde à situação objetiva de sua classe.* Para o dialético, o conceito de consciência de classe é, portanto, necessariamente um conceito *concreto, inseparável* de seu conteúdo, ao passo que o kantiano – por mais bem-acabado que seja seu disfarce materialista – sempre buscará uma determinação formal, universal (que para o camarada Rudas, neste caso, é o campo psicológico), que permite estabelecer uma relação com um conteúdo qualquer, cuja fundamentação passa, então, a ser atribuída a "outra ciência". Visto que, desse modo, ele pura e simplesmente não consegue conceber uma interação dialética entre

conteúdo e forma, uma determinação da forma pelo conteúdo, uma forma que se transforma dialeticamente de modo correspondente, sua nobre indignação é (psicologicamente ou, se o camarada Rudas preferir, em termos de psicologia de massa) bem compreensível. Porque de seu modo mecanicamente dualista de ver as coisas segue-se necessariamente que esse "terceiro lugar" em que se realiza a consciência de classe só pode ser um "espírito" [*Dämon*] ou um "deus", dado que, para o pensamento mecanicamente dualista, esse "terceiro lugar" tem de permanecer transcendente. A razão social real disso, todavia, é o reboquismo, para o qual o partido sempre é algo transcendente.

Contudo, se não acompanharmos servilmente a separação kantiana de forma e conteúdo, como faz o camarada Rudas, essa questão se simplifica. Repetimos: o conceito da consciência de classe é concreto, de conteúdo, e o famoso "terceiro lugar" em que ele se realiza é *a organização do Partido Comunista*. O camarada Lenin enfatizou desde o início essa tarefa do partido e a defendeu com veemência diante dos adeptos reboquistas da teoria da espontaneidade. <30> Assim, ele explica: "Para *de fato* ser uma expressão consciente, o partido precisa saber elaborar relações organizativas, bem como *assegurar certo nível de conscientização* e elevá-lo sistematicamente" (Lenin, "Über Organisationsfragen" [Sobre questões de organização], em *Ein Schritt vorwärts etc.*, p. 78)[48]. É claro que esse processo se desenrola dentro da cabeça dos membros do partido. Isso, contudo, de modo algum basta para decidir a questão, pois as convicções e as formas de organização oportunistas também se desenrolam na cabeça dos oportunistas, assim como as revolucionárias, na cabeça dos revolucionários; *formalmente*, no sentido da psicologia, as duas convicções são igualmente "conscientes" ou igualmente pouco "conscientes". Tanto que Rosa Luxemburgo, como representante da teoria da espontaneidade, consegue dizer de modo consequente, porém de modo consequentemente incorreto:

---

[48] Cf. Vladimir I. Lenin, "Ein Schritt vorwärts, zwei Schritte zurück (Die Krise in unserer Partei)", em *Werke*, v. 7 (Berlim, Dietz, 1974), p. 197-430 (p. 273). Ed. bras.: *Um passo em frente, dois passos atrás*, disponível em: <http://vermelho.org.br/biblioteca.php?pagina= passo1.htm>; acesso em: 24 jun. 2015. Na verdade, não existe nesse escrito um capítulo ou um artigo com o título "Über Organisationsfragen" [Sobre questões de organização]; o que existe é um livro à parte intitulado *Lenin über Organisationsfragen* (Viena, Verlag für Literatur und Politik, 1924), cujo conteúdo não foi possível verificar. Nas páginas seguintes, Lukács inverte a ordem aqui usada, colocando duas vezes "Um passo em frente, dois passos atrás" e uma vez "Que fazer?" como capítulos de "Sobre questões de organização", o que explicaria a questão.

Porém, dado que o movimento social-democrata é precisamente um movimento de massa e os despenhadeiros que o ameaçam não se originam das cabeças humanas, mas das condições sociais, não há como evitar as equivocações oportunistas. [...] Quando examinado a partir dessas perspectivas, o oportunismo também aparece como produto do próprio movimento dos trabalhadores, como um fator inevitável de seu desenvolvimento histórico. ("Organizationsfragen der russischen Sozialdemokratie" [Questões de organização da social-democracia russa], *Neue Zeit*, v. 22, n. 2, p. 534-5)[49]

O decisivo é, muito antes, *como* o conhecimento correto da situação de classe do proletariado ("nível de conscientização" em Lenin, "sentido da situação histórica da classe" para mim) pode, por um lado, ser levado a um nível cada vez mais alto e, portanto, cada vez mais correto em termos de conteúdo, correspondendo cada vez mais à situação real; por outro lado, é como *fazer* com que esse conhecimento se torne consciente na maior parcela possível da classe. (Asseguração e elevação do nível, em Lenin.)

Essa relação obviamente deve ser concebida como relação entre fatores em constante movimento, como processo. (Espero que o significado dialético da palavra "processo" já esteja aclarado o bastante para não oferecer mais espaço ao obscurantismo reboquista.) Isso quer dizer que o ser econômico e, com ele, a consciência de classe do proletariado e suas formas de organização encontram-se em transformação ininterrupta, sendo que as determinações aqui esboçadas valem para cada fator desse processo revolucionário, constituindo, em cada fase, produtos da fase precedente e simultaneamente causas determinantes da fase seguinte. Por essa razão, determinações como nível da consciência de classe e sentido da situação histórica não são conceitos abstratamente formais, fixados de uma vez para sempre, mas enunciam relações <31> concretas em situações históricas concretas. "A autonomização e a formação da consciência de classe do proletariado só podem fazer sentido para o proletariado se de fato corporificarem para ele, a todo instante, exatamente o sentido revolucionário desse instante" (*G.u.K.*, p. 335)[50]. Esse desenvolvimento, a elevação do nível da consciência de classe, não constitui, portanto, um progresso infinito (nem finito), não é uma aproximação constante a uma finalidade fixada de uma vez por todas, mas constitui igualmente um processo dialético. Assim, ele não só

---

[49] Rosa Luxemburgo, "Organisationsfragen der russischen Sozialdemokratie", em *Gesammelte Werke*, v. 1-2 (Berlim, Dietz, 1983), p. 422-44 (p. 442-3).

[50] György Lukács, *História e consciência de classe*, cit., p. 583 (com modificações).

se desenrola em interação ininterrupta com o desenvolvimento da realidade social global (por exemplo, uma ação malograda do proletariado, provocada pela vacilação ou pelo baixo nível de conscientização da vanguarda, pode modificar a situação objetiva de tal maneira que o desenvolvimento posterior – em certo sentido – tem de recomeçar num nível mais baixo), mas também, de modo correspondente, não transcorre numa linha claramente ascendente. A prova mais clara disso é justamente a autocrítica bolchevista com sua importância em nada previsível para o desenvolvimento dos partidos e, mediada por estes, para o desenvolvimento do proletariado como um todo. Pois o que significa – metodologicamente – a autocrítica? A constatação de que a ação do partido em dado momento não chegou ao nível que teria sido objetivamente possível na dada situação. Ora, ao analisar as causas dessa diferença de nível entre a ação real e sua possibilidade concreta e objetiva, não se pode ficar na mera constatação das causas objetivas, pois tal "objetivismo", na melhor das hipóteses, assemelha-se a um fatalismo, como diz corretamente o camarada Zinoviev (*Gegen den Strom*, p. 239)[51]. A investigação das causas de um erro visa, muito antes, à extirpação dessas causas. Por essa razão, é perfeitamente possível que um erro corretamente identificado e cabalmente corrigido promova bem mais o desenvolvimento do nível da consciência de classe do que uma ação parcialmente correta que, no entanto, surgiu de forma espontânea.

Para isso, segundo Lenin, são necessárias *formas de organização*. Elas de modo algum são, como pensou a camarada Rosa Luxemburgo, garantias inúteis "de papel"; elas são, pelo contrário, um fator decisivo no surgimento e no desenvolvimento subsequente da consciência de classe do proletariado. As formas de organização do proletariado, em primeira linha o partido, são *formas de mediação* reais, nas quais e pelas quais se <32> desenvolve e *é* desenvolvida a consciência de classe que corresponde ao ser social do proletariado. As formas de organização do proletariado em parte surgem de modo espontâneo e elementar a partir da luta de classes, em parte são criadas com consciência (correta ou falsa). Contudo, quando o modo elementar e espontâneo de surgimento é concebido como o único possível ou como o único correto, surge o perigo de que seja desconsiderada essa função mediadora da organização. Por um lado, a organização é subestimada e a salvação é aguardada exclusivamente

---

[51] Grigori Zinoviev, "Die russische Sozialdemokratie und der russische Sozialchauvinismus", em Vladimir I. Lenin e Grigori Zinoviev, *Gegen den Strom*, cit., p. 171-256.

dos movimentos de massa espontâneos, que também criam formas de organização (Rosa Luxemburgo, "Organizationsfragen der russischen Sozialdemokratie", p. 490), ao passo que a organização é rebaixada a "fator conservador", inibidor (ibidem, p. 491); por outro lado, a organização assim concebida e assim conduzida de fato desenvolve dentro de si fatores realmente conservadores, calcificados, que se desvinculam do ser histórico em constante mudança. Há uma ligação estreita entre os dois lados da questão. Quando sociólogos burgueses, como, por exemplo, Michels, elaboram os fatores "conservadores" da "sociologia do partido", eles procedem de modo totalmente coerente do ponto de vista burguês e, todavia, deixam de ver, de modo também coerente, a *especificidade* da organização classista proletária. O camarada Rudas, que, na questão da consciência de classe do proletariado e, *portanto*, na questão da organização, abraça um dualismo kantiano de forma e conteúdo, que gostaria de resolver a questão da consciência de classe em termos "universalmente" psicológicos ou então sociológicos, também é totalmente coerente quando em toda parte assume uma posição meramente contemplativa diante da história, quando se posiciona no terreno da teoria da espontaneidade – sem, no entanto, admitir isso, e talvez nem sempre consciente disso. Porque, metodologicamente considerada, a teoria da espontaneidade nada mais é que o modo de consideração que, aplicado à luta de classes do proletariado, parte (supostamente) do ponto de vista de classe do proletariado, e é contemplativo, ou seja, burguesamente dualista, não dialético.

Ora, o que significa para nosso problema o fato de eu ter chamado a organização de forma de mediação real? Também é parte integrante do abecê do marxismo, mas infelizmente ainda tem de se repetir que a interconexão correta dos fenômenos sociais *não está imediatamente dada*. Mas, visto que as formas imediatas de manifestação do ser social não são fantasias subjetivas, mas constituem fatores das formas reais da existência, das determinações da existência da sociedade capitalista, para as pessoas que vivem na sociedade capitalista é muito plausível e até lhes parece <33> o "natural" deter-se nessas formas e nem tentar investigar as conexões mais ocultas (elos intermediários, mediações), mediante as quais esses fenômenos estão realmente vinculados e cujo conhecimento permite que eles sejam reconhecidos *na conexão correta*. Quando o camarada Rudas (*AL*, v. 10, p. 673-4) concebe o marxismo apenas como ciência empírica, ele incorre – para dizer pouco – numa unilateralidade burguesa, dado que estabelece, ao modo kantiano, uma contraposição rígida e dualista entre os modos de análise empírico e apriorístico. Marx de fato enfatiza o caráter empírico do materialismo histórico frente à filosofia construtiva da história. Mas, por exemplo, diante do empirismo econômico, ele ressalta que "toda ciência seria supérflua se a forma de manifestação e a essência das coisas coincidissem de modo imediato" (*Das Kapital*, Livro III, seção 2, p. 352)[52] e enfatiza que o erro principal de Ricardo foi "não ter avançado suficientemente na abstração correta" (*Theorien über den Mehrwert* [Teorias do mais-valor], v. 2, seção 1, p. 166)[53]. Como se sabe, essas abstrações corretas não crescem imediatamente dentro da realidade empírica, como as amoras, os lugares-comuns e os jumentos que recebem o abraço fraternal do camarada Rudas (*AL*, v. 12, p. 1.070). (Em seu entusiasmo pela fraternização com o jumento, o camarada Rudas deixa de perceber aqui as facetas catolizantes, franciscanas e o estilo *biedermeieriano* da "alma materialista" de F. Jammes.) Nem mesmo do *ponto de vista* da teoria elas são tão independentes quanto supõe o camarada Rudas (*AL*, v. 10, p. 673). Todavia, sua cognoscibilidade não depende de nenhuma "finalidade de conhecimento" no sentido burguês, mas seguramente do ponto de vista classista e das "finalidades de conhecimento" condicionadas por ele. Vide, na crítica que Marx faz a Smith ou Ricardo, o papel que o ponto de vista de classe desses autores e as finalidades do conhecimento condicionadas por esse ponto de vista desempenham no entendimento – sob muitos aspectos, empiricamente correto – que eles têm da realidade. (Intencionalmente, deixo de falar aqui dos apologistas.) Se, em contrapartida, apenas o materialismo histórico é capaz de oferecer um conhecimento objetivo e correto da sociedade capitalista, ele não realiza isto independentemente do ponto de vista de classe do proletariado, mas *exatamente a partir desse ponto de vista*. Quem não vê essa conexão e separa o materialismo histórico do ponto de vista de classe do proletariado é um dualista não dialético (separa a teoria da práxis ao estilo de Hilferding) ou um idealista (como Lassalle). O camarada Rudas parece pertencer alternadamente aos dois grupos. Trataremos adiante das consequências de uma interligação não dialética de cunho idealista entre ponto <34> de vista de classe e materialismo histórico.

---

[52] Ed. bras.: O *capital: crítica da economia política*, Livro III: O *processo total da produção capitalista* (trad. Rubens Enderle, São Paulo, Boitempo, no prelo).

[53] Karl Marx, *Theorien über den Merhwert*, v. 2: *David Ricardo* (4. ed., org. Karl Kautsky, Stuttgart, J. H. W. Dietz, 1921). Ed. bras.: *Teorias da mais-valia: história crítica do pensamento econômico*, v. 2 (trad. Reginaldo Sant'Anna, São Paulo, Difel, 1983).

Ora, Lenin elaborou – e isso constitui parte de suas produções teóricas imortais – as possibilidades da *práxis do proletariado* num contexto concreto desse tipo, mediante a descoberta das *mediações reais* entre a situação de classe e a práxis conscientemente correta (enquanto, por exemplo, Rosa Luxemburgo ficou presa a uma perspectiva imediata e mitológica). Pois a consciência de classe do proletariado não está dada no plano imediato nem quanto a seu conteúdo nem quanto a seu surgimento e seu desenvolvimento. Ela se desenvolve de modo espontâneo e elementar enquanto os elos reais de seu crescimento não forem conhecidos e, por isso, não forem avaliados na prática. (A eficácia de forças sociais reais não conhecidas assume enquanto forma de consciência o caráter da espontaneidade.) Para que ocorra a superação [*Aufhebung*] dessa espontaneidade, não basta que sejam conhecidas as formas de existência econômicas e sociais universais que produzem e determinam essa consciência de classe, nem mesmo quando estão elaboradas economicamente em todos os detalhes, mas é preciso que sejam conhecidas concretamente e aplicadas concretamente as formas de mediação reais *específicas* apropriadas para fomentar ou tolher com precisão *esse* processo – todavia, com base no e em conexão com o processo global do desenvolvimento econômico. Marx não só é o autor de O *capital*, como, ao mesmo tempo, o fundador da Liga dos Comunistas e da Primeira Internacional. Justamente nesse aspecto, Lenin é seu maior discípulo, o único à altura; ele é o fundador do PCR e da Terceira Internacional; não só como mera "orientação teórica", mas também como *forma de organização*.

As formas de organização conhecidas e aplicadas por Lenin foram desde o início e ainda hoje são combatidas como "artificiais" por todos os oportunistas. É fácil vislumbrar a razão disso – é a *mesma* razão que faz o reboquista Rudas sair a campo contra minha definição de consciência de classe. Essas formas de organização não são simples formulações ideais do estado imediato da consciência do trabalhador mediano (mesmo que sua situação seja "puramente típica"); portanto, elas não são constatações "psicológicas nem de psicologia de massa", mas pretendem elaborar a partir do conhecimento correto do processo histórico global, a partir da totalidade de seus fatores econômicos, políticos, ideológicos etc. as medidas práticas, mediante <35> as quais, por um lado, *uma parcela* do proletariado é alçada ao nível da consciência correta, correspondente à situação global objetiva, e, por outro, as grandes massas de trabalhadores e dos demais espoliados podem ser corretamente conduzidas em suas lutas. Nesse ponto, deve-se acentuar antes de tudo o seguinte: só uma

70 | Reboquismo e dialética

parcela dos trabalhadores pode ser alçada a esse nível. Lenin enfatiza repetidas vezes: "[...] seria sentimentalismo alheio ao mundo e reboquismo acreditar que quase toda a classe ou mesmo uma classe inteira algum dia estará em condições de, sob o capitalismo, elevar-se ao nível de consciência e atividade de sua vanguarda, de seu partido social-democrata" ("Ein Schritt etc.", em *Über Organisationsfragen*, p. 66)[54]. Também nesse segmento da classe trabalhadora, a consciência de classe não apenas não surge "por si mesma", mas nem mesmo como consequência imanente da situação econômica imediata e tampouco da luta de classes que se desenvolve elementarmente a partir dela. Assim, em *Que fazer?*, Lenin detalha:

> A correta consciência de classe [ele fala aqui da consciência social-democrata] só podia ser introduzida a partir de fora. A história de todos os países comprova que a classe trabalhadora, valendo-se exclusivamente de suas próprias forças, só é capaz de elaborar uma consciência trade-unionista, ou seja, uma convicção de que é preciso reunir-se em sindicatos, lutar contra os patrões, cobrar do governo a promulgação de umas e outras leis necessárias aos trabalhadores etc. (*Sammelband*, p. 45)[55]

Isso, todavia, é um processo histórico, e o elemento espontâneo é a forma embrionária do procedimento consciente de seus fins (ibidem, p. 44)[56]. Contudo, ainda assim, não é possível que a transição se efetue de modo elementar.

Apesar disso, subsiste entre esse "de fora" e a classe trabalhadora uma inter-relação dialética, pois Marx e Engels são oriundos da classe burguesa, mas o desenvolvimento de sua teoria é um produto – todavia, de modo nenhum imediato – do desenvolvimento da classe trabalhadora. E não só a própria teoria; os elementos usados em sua composição (Ricardo, Hegel, os historiadores franceses e os socialistas) sintetizam intelectualmente de modo mais ou menos consciente aquele ser social, a partir do qual e como parte do qual surgiu o proletariado. Para os predecessores de Marx e Engels, o que une teoria e luta de classes é tão só essa base objetiva do ser social, de modo que eles parecem andar lado a lado de modo independente – no plano imediato –, até que a teoria

---

[54] Cf. Vladimir I. Lenin, "Ein Schritt vorwärts, zwei Schritte zurück (Die Krise in unserer Partei)", cit., p. 261. Ed. bras.: *Um passo em frente, dois passos atrás*, cit. Ver, neste volume, a nota 48 sobre a inversão dos títulos.

[55] Idem, "Was tun? Brennende Fragen unserer Bewegung", em *Werke*, v. 5 (Berlim, Dietz, 1974), p. 355-551 (p. 385-6). Ed. bras.: *Que fazer? Problemas candentes do nosso movimento* (trad. Marcelo Braz, São Paulo, Expressão Popular, 2010), p. 89 (com modificações).

[56] Ibidem, p. 385. Ed. bras.: ibidem, p. 88.

passe a ser "um produto consciente do movimento histórico" e, assim, torne-se revolucionária (*Elend der Philosophie*, p. 109)[57]. Mas essa teoria também influencia o <36> proletariado a partir de fora – segundo a teoria profunda e correta de Lenin. Até mesmo quando o desenvolvimento econômico da sociedade viabiliza um partido proletário embasado nessa teoria, sua influência sobre os movimentos espontâneos da massa ainda chega "de fora" – todavia, tendo já passado por uma relativização dialética decisiva. Não corresponderia ao marxismo pensar que, enquanto existir o capitalismo (e ainda por um tempo depois dele), a classe trabalhadora inteira atingirá "espontaneamente" aquele nível de consciência que corresponde objetivamente à própria situação econômica objetiva. O desenvolvimento consiste justamente no fato de que esse "de fora" da classe seja trazido cada vez mais para dentro e para perto, que ele perca aos poucos seu caráter confrontante, sem que – no atual estágio de desenvolvimento – a relação dialética descrita com precisão por Lenin pudesse ser superada. Pois o ser social do proletariado o põe, *no plano imediato*, apenas numa relação de luta com os capitalistas, ao passo que a consciência de classe do proletariado só se torna de fato consciência de classe enquanto conhecimento da *totalidade* da sociedade burguesa. Em outra passagem do mesmo escrito, Lenin detalha da seguinte maneira esse pensamento:

> A consciência política de classe não pode ser levada aos trabalhadores *senão de fora*, isto é, de fora da luta econômica, de fora da esfera das relações entre trabalhadores e patrões. A única esfera de onde se poderá extrair esses conhecimentos é a das relações de *todas* as classes e camadas com o Estado e o governo, a esfera das relações de todas as classes entre si. (Ibidem, p. 49)[58]

E ele acrescenta: "A luta elementar do proletariado não se converterá em verdadeira luta de classes enquanto essa luta não for conduzida por uma organização sólida do proletariado" ("Was tun?" [Que fazer?], em *Über Organisationsfragen*, p. 46)[59]. Essa organização é composta por homens que *reconheceram* isso e que

---

[57] Karl Marx, *Das Elend der Philosophie. Antwort auf Proudhons "Philosophie des Elends"* (Stuttgart, J. H. W. Dietz, 1885). Ed. bras.: *Miséria da filosofia: resposta à "Filosofia da miséria", do sr. Proudhon* (trad. José Paulo Netto, São Paulo, Expressão Popular, 2009), p. 142 (com modificações). Todas as traduções para o português, inclusive esta, omitem a palavra *bewusst*, isto é, "conscientemente", decisiva para Lukács neste contexto.

[58] Cf. Vladimir I. Lenin, "Was tun? Brennende Fragen unserer Bewegung", cit., p. 436. Ed. bras.: *Que fazer?*, cit., p. 145.

[59] Não consta, no referido escrito, citação com esse teor. Sobre essa referência bibliográfica, ver neste volume a nota 48.

estão *dispostos* a se tornar ativos nessa direção, ou seja, de revolucionários profissionais: "Diante dessa característica geral dos membros de tal organização, deve desaparecer por completo toda distinção entre trabalhadores e intelectuais, que vale, ainda mais, para a distinção entre as diversas profissões de uns e de outros" (ibidem, p. 28)[60]. Por essa razão, para Lenin, o social-democrata revolucionário é "o jacobino que está tão estreitamente ligado à *organização do proletariado* que reconheceu seus interesses de classe" ("Ein Schritt etc.", em *Über Organisationsfragen*, p. 82)[61].

E então? Então esse enigmático "terceiro lugar", esse "espírito [*Dämon*] <37> histórico", o Partido Comunista – que de modo nenhum podia ter ocorrido ao reboquista Rudas, nem sequer como possibilidade a ser cogitada – tem a seguinte propriedade curiosa: a de ser um *conteúdo* necessariamente vinculado com o tornar-se consciente. Isso quer dizer que, por um lado, depende do conteúdo que se tornou consciente que a consciência que o pensa possa ser reconhecida como consciente (consciente da classe); por outro lado e *ao mesmo tempo*, para que o conteúdo possa ser realizado, ele tem de se tornar consciente, se tornar eficaz na cabeça dos homens. As formas de organização existem para produzir e acelerar esse processo, para *fazer* com que se tornem conscientes para a classe trabalhadora (para uma parcela da classe trabalhadora) aqueles conteúdos que, quando se tornam conscientes, convertem os trabalhadores em trabalhadores conscientes de sua classe, que são exatamente aqueles conteúdos que correspondem do modo mais adequado possível à situação objetiva de sua classe. Desse modo, a "contradição simples" que o camarada Rudas (*AL*, v. 10, p. 679) encontra nessa definição de consciência de classe evidencia-se como *fato dialético*, que é, portanto, afetado por uma contradição – uma contradição dialética – somente na medida em que a própria realidade que lhe serve de base é dialética, contraditória. E o "idealismo" que ele me imputa (idem) evidencia-se como a *forma bolchevista de organização do proletariado consciente de sua classe*. A disparidade entre "processo" e seu "sentido" (idem) de modo nenhum equivale, como o camarada Rudas tenta me impingir, à disparidade entre o nexo causal e um "fim", mas, sim, à diferença

---

[60] Cf. Vladimir I. Lenin, "Was tun? Brennende Fragen unserer Bewegung", cit., p. 468. Ed. bras.: *Que fazer?*, cit., p. 181.

[61] Idem, "Ein Schritt vorwärts, zwei Schritte zurück (Die Krise in unserer Partei)", cit., p. 277. Ed. bras.: *Um passo em frente, dois passos atrás*, cit. Ver, neste volume, a nota 48 sobre a inversão dos títulos.

entre a realidade empírica imediatamente dada da classe trabalhadora (que, como detalha o camarada Lenin, permite surgir uma consciência meramente trade-unionista) e a totalidade concretamente desenvolvida de todas as determinações históricas que produzem essa realidade imediata. O camarada Rudas poderia ter compreendido com facilidade o que significa essa diferença se fosse capaz de ler sem prejulgamento reboquista as passagens correspondentes em meu livro: a partir da análise imediatamente subsequente da relação entre o interesse individual momentâneo e o interesse da classe, a qual culmina na diferenciação marxiana entre lutas trade-unionistas e a real emancipação do proletariado. Para qualquer leitor imparcial, o termo "sentido" não tem outro significado senão o de, por um lado, enfatizar essa diferença e, por outro e *ao mesmo tempo*, ressaltar que essa diferenciação aponta para as formas de <38> mediação da ação, da práxis e, portanto, da real consciência de classe. A "contradição" que estaria contida aqui só existe para quem não pensa dialeticamente, para quem a "objetividade" dessa consciência de classe (significando que seu conteúdo – suas reais formas de mediação – *não é determinado* pelo pensamento) e sua "subjetividade" (significando que, para tornar-se real, o conteúdo deve tornar-se consciente, assumir a forma da consciência) entram em contradição. É claro que, quando forma e conteúdo são mecanicamente separados ao estilo kantiano, sua interação dialética necessariamente parece incompreensível.

Dado que a consciência separada dessa maneira de seu conteúdo não passa de uma espécie de canal pelo qual flui o processo objetivo com toda a espontaneidade, o camarada Rudas obviamente acha incompreensível que eu considere o surgimento da consciência de classe do proletariado uma questão decisiva e, dependendo das circunstâncias, até decisiva do desenvolvimento histórico. "Até agora, ninguém chamou a luta de classes do proletariado de luta pela consciência" (*AL*, v. 12, p. 1081). Não quero multiplicar despropositadamente aqui as citações e acrescento apenas mais uma declaração do camarada Zinoviev: "A vanguarda comunista da classe trabalhadora luta contra a social-democracia (aristocracia trabalhadora, simpatizantes pequeno-burgueses) *pela classe trabalhadora*. A classe trabalhadora, liderada pelo Partido Comunista, luta contra a burguesia *pelo campesinato*" ("Proletariat und Bauernschaft" [Proletariado e campesinato], *Inprekorr*, v. 5, n. 5). O camarada Rudas acha que isso não é uma luta pela consciência? O camarada Lenin e seus seguidores rejeitam, dentro do possível, o uso de medidas violentas contra os camponeses;

eles querem *persuadir* os camponeses da necessidade e da utilidade da aliança com o proletariado – e seria proveitoso saber se, também neste ponto, a consciência não passa de um canal e de onde e para onde o "processo" flui espontaneamente. O erro do camarada Rudas se torna compreensível se recordarmos que por influência sobre a consciência ele entende tão somente o "trabalho de formação" (e também este no sentido social-democrata). Um entendimento que ele não encontrará nem em Marx nem em Lenin nem no que escrevi. Todo bolchevique sabe muito bem que a "luta pela consciência" engloba toda a atividade do partido, que sua luta contra os inimigos da classe é *inseparável* da luta *pela* consciência de classe do proletariado e *por* tornar consciente a aliança com as camadas semiproletárias (tanto nessas camadas quanto no proletariado). Pois a consciência das massas, em cada caso, não se desenvolve independentemente da política do partido, da consciência de classe nele corporificada.

> É evidente que cada uma das ações efetivas da classe é determinada amplamente por essa média. Mas, como essa média [não] é algo determinável [...] estatisticamente, e sim é uma consequência do processo <39> revolucionário, então é evidente também que uma organização que se apoie na média encontrada está destinada a entravar seu desenvolvimento e mesmo rebaixar seu nível. Em contrapartida, a elaboração clara da mais elevada possibilidade que existe *objetivamente* em dado instante, ou seja, a autonomia organizacional da vanguarda consciente, é propriamente um meio de ajustar a tensão entre essa possibilidade objetiva e o nível de consciência efetivo da média de um modo que promove a revolução. (*G.u.K.*, p. 329)[62]

E Lenin atribui, em um "momento decisivo", à atitude do partido a eventual oscilação do ânimo da massa (de sua consciência psicológica ou psicológica de massa); confira o exemplo anteriormente citado da "Carta aos camaradas".

3. Os camponeses como classe

Note-se bem: tudo o que foi detalhado aqui refere-se somente à consciência de classe do proletariado. E este, uma vez mais, é um ponto que provoca nobre indignação no camarada Rudas. Sua alma "exatamente científica" exige que a consciência (a forma da consciência separada cirurgicamente de seu conteúdo) seja examinada num laboratório psicológico, enquanto as questões de conteúdo manifestamente deveriam ser deixadas a cargo de uma "sociologia" também

---

[62] György Lukács, *História e consciência de classe*, cit., p. 573-4.

"exata". Porém, para essa sociologia – evidentemente! –, a consciência de classe de todas as classes e de todas as épocas é precisamente consciência de classe; uma forma de consciência produzida pela situação econômica. À noite, todos os gatos são pardos. Ele observa "de passagem" (*AL*, v. 10, p. 691) que eu acho questionável que os camponeses possam ser chamados de classe no sentido marxista rigoroso. Essa observação se refere a uma passagem de meu livro (*G.u.K.*, p. 73)[63], mas o camarada Rudas se "esquece" de citar a página anterior a essa. Pois ali é citada a seguinte passagem de O *18 de brumário*:

> Milhões de famílias existindo sob as mesmas condições econômicas que separam seu modo de vida, seus interesses e sua cultura do modo de vida, dos interesses e da cultura das demais classes, contrapondo-se a elas como inimigas, formam uma classe. Mas, na medida em que existe um vínculo apenas local entre os parceleiros, na medida em que a identidade de seus interesses não gera entre eles nenhum fator comum, nenhuma união nacional e nenhuma organização política, eles não constituem classe nenhuma. (*Der 18. Brumaire*, p. 102)[64]

Esse entendimento até hoje é o dos comunistas. Em suas teses sobre a questão dos camponeses (acolhidas <40> na última sessão do Comitê Executivo ampliado da Internacional Comunista (Ceic), *Inprekorr*, v. 5, n. 77), o camarada Bukharin formula a situação de classe camponesa totalmente no sentido da passagem recém-citada:

> Na sociedade capitalista, o campesinato, que no passado constituiu a classe sobre a qual se fundava o domínio feudal, nem é mais uma classe no sentido próprio do termo. [...] Assim, na sociedade capitalista, o campesinato, tomado em sua *totalidade*, não é uma classe. Porém, na medida em que estamos tratando de uma sociedade que está passando de relações de caráter feudal para relações de produção de caráter capitalista, o campesinato encontra-se também em sua *totalidade* numa situação contraditória: diante dos proprietários de terras feudais, ele é uma classe, mas, na medida em que é alcançado e desagregado pelas relações capitalistas, deixa de ser.[65]

Corresponde exatamente à essência da análise econômica de Marx ver a burguesia e o proletariado como as classes típicas e propriamente ditas da sociedade burguesa, cujo desenvolvimento tende a reduzir a sociedade inteira a

---

[63] Ibidem, p. 159.

[64] Karl Marx, O *18 de brumário de Luís Bonaparte*, cit., p. 142-3; ver György Lukács, *História e consciência de classe*, cit., p. 158.

[65] Cf. Nikolai Bukharin, *Über die Bauernfrage (Rede vor der erweiterten Exekutive, April 1925)* (Hamburgo, C. Hoym, 1925).

essas duas classes. Em correspondência com esse entendimento, Marx analisa o ser social dos camponeses: "[...] como possuidor dos meios de produção, ele é capitalista; como trabalhador, ele é seu próprio assalariado" (*Theorien über den Mehrwert*, v. 1, p. 422-3). Tratando, uma por uma, de todas as contradições que resultam daí, ele aponta a contradição fundamental no ser social do camponês. Todavia, na sociedade capitalista, todo ser social necessariamente repousa sobre uma contradição. Contudo, procederíamos de forma não marxista, abstrata, segundo o método puramente formal da "sociologia" burguesa, se nos detivéssemos no mero conceito abstrato da contradição. Pois a contradição nem sempre é pura e simplesmente contradição, e os gatos só são todos pardos na noite do pensamento burguês. A contradição na base econômica da existência das duas classes típicas da sociedade capitalista (sendo que agora – em função da contraposição – não deixamos de lado por um instante sequer a diferença entre burguesia e proletariado tratada extensamente em meu livro) significa que essa base econômica se move por meio de contradições, que seu desenvolvimento constitui um desdobramento cada vez mais amplo e profundo, uma reprodução cada vez mais ampla de contradições *imanentes* a essa base (crise). Porém, isso não significa que essa base econômica que se move por meio de contradições esteja cindida em *partes heterogêneas*; isto é, as contradições *dialéticas* da ordem <41> capitalista de produção afloram no ser social (e, consequentemente, na consciência) da burguesia e do proletariado, o que, no entanto, não ocorre com as *contradições entre duas ordens de produção distintas*, como no caso dos camponeses. As contradições de um ser social como as dos camponeses não são imediatamente dialéticas como as da produção capitalista mesma, mas só se tornam *mediadamente* dialéticas por meio da dialética do desenvolvimento global da sociedade capitalista. De modo que elas só podem ser compreendidas dialeticamente, tornadas conscientes, a partir de um ponto de vista de classe capaz de compreender – em consequência do ser social que se encontra em sua base – o desenvolvimento global do capitalismo como processo dialético. Do ponto de vista do proletariado, portanto. O ponto de vista classista burguês não logra alcançar o conhecimento desse movimento global (ou seja, o desenvolvimento necessário do capitalismo a partir das formas de produção pré-capitalistas, a necessidade da subsistência dessas formas de produção ao lado do capitalismo, a necessidade da transição desse complexo global para o socialismo etc.). Mesmo que nas situações que se refere a essas áreas a burguesia, em certos momentos, adote uma práxis – econômica e politicamente – correta em conformidade com sua classe, ela a adota com "falsa consciência"; "eles não sabem disso, mas o fazem", disse Marx certa vez sobre a práxis burguesa (*Das Kapital*, Livro I, p. 40)[66].

E os camponeses? Examinemos mais de perto esse ser social do ponto de vista da teoria marxiana. Imediatamente antes de uma das passagens já citadas, Marx diz: "Por conseguinte, eles [os camponeses] não se enquadram nem na categoria dos trabalhadores produtivos nem na dos improdutivos, embora sejam produtores de mercadorias. Mas sua produção não está subsumida no modo de produção capitalista" (*Theorien über den Mehrwert*, v. 1, p. 422)[67]. Em outra passagem, ele dá concretude a esse fato: "Em primeiro lugar, não se aplicam aos camponeses as leis gerais do crédito, dado que estas pressupõem que o produtor seja capitalista" (*Das Kapital*, Livro III, seção 2, p. 345)[68]. Na sequência, ele oferece uma visão geral abrangente dessa situação. Citarei apenas as frases mais importantes:

> Por outro lado, esse desenvolvimento só ocorre onde o modo de produção capitalista se desenvolve de forma limitada e não desdobra todas as suas peculiaridades; exatamente porque ele se baseia no fato de que a agricultura não mais ou ainda não está sujeita ao modo de produção capitalista, mas a um modo de produção advindo de formações sociais já extintas. As <42> desvantagens do modo de produção capitalista por deixar o produtor na dependência do preço em dinheiro de um produto coincidem aqui, portanto, com as desvantagens decorrentes do desenvolvimento incompleto do modo de produção capitalista. O camponês se torna mercador e industrial sem as condições que o capacitam a fabricar seu produto como mercadoria. (Ibidem, p. 346)

Para concluir, ele diz que a pequena propriedade fundiária "cria uma classe de bárbaros que se encontra semiexcluída da sociedade" (ibidem, p. 347-8). O que se conclui disso? De modo nenhum, aquilo que o camarada Rudas me imputa, a saber, que os camponeses não constituiriam classe nenhuma. Mas

---

[66] Karl Marx, *Das Kapital. Kritik der politischen Ökonomie* (4. ed., Hamburgo, Otto Meisner, 1890). Ed. bras.: *O capital: crítica da economia política*, Livro I: *O processo de produção do capital* (trad. Rubens Enderle, São Paulo, Boitempo, 2013), p. 149.

[67] Idem, *Theorien über den Merhwert*, v. 1: *Die Anfänge der Theorie vom Mehrwert bis Adam Smith* (4. ed., org. Karl Kautsky, Stuttgart, J. H. W Dietz, 1921). Ed. bras.: *Teorias da mais-valia: história crítica do pensamento econômico*, v. 1 (trad. Reginaldo Sant'Anna, São Paulo, Difel, 1980).

[68] Idem, *Das Kapital. Kritik der politischen Ökonomie* (ed. Friedrich Engels, Hamburgo, Otto Meisner, 1894). Ed. bras.: *O capital*, Livro III, cit.

com certeza há uma relação concreta entre seu ser social e sua consciência que é essencialmente diferente da que existe nas demais classes; isso pressupõe que não nos detenhamos – como bons kantianos, a exemplo do camarada Rudas – na mera fórmula de que (de modo geral) o ser social (em geral) determina a consciência (em geral), mas procuremos compreender esse ser determinado a partir da *peculiaridade concreta* desse ser social *específico*. Procurei caracterizar essa peculiaridade encontrando aqui – em contraposição à contradição dialética entre consciência de classe e interesse de classe na burguesia – uma oposição contraditória (*G.u.K.*, p. 73)[69]. Espero não precisar repetir o que eu já disse sobre a consciência de classe (mas, por precaução, indico outra vez o "na medida em que" de Marx sobre o campesinato como classe, as teses de Bukharin e o entendimento de Lenin sobre *quando* a luta imediatamente econômica do proletariado pode ser chamada de luta de classes). Os interesses cotidianos imediatos da classe trabalhadora têm origem em seu ser social, de modo que *podem* ser vinculados pela consciência correta aos grandes interesses globais da classe, embora, como vimos, segundo o entendimento de Lenin, nem mesmo essa vinculação surja por si mesma. Na burguesia, a vinculação correspondente só é possível com "falsa consciência" (sendo que, mais uma vez, tenho de enfatizar o caráter dialético dessa "falsa consciência"). Para o campesinato, tal vinculação – a partir de um ponto de vista próprio da classe – é impossível. Contra meu entendimento (como ele o entende), Rudas cita diversos enunciados do camarada Lenin (*AL*, v. 10, p. 691). Quem estudar com atenção essas sentenças necessariamente descobrirá que todas elas, sem exceção, falam a meu favor e contra Rudas. Ocorre que o camarada Lenin – a exemplo de Marx nas passagens já citadas – aponta para o fato de que o camponês "é metade <43> trabalhador, metade especulador". Mas o que decorre disso para a práxis do campesinato? O próprio camarada Rudas admite: "Igualmente claro está que os camponeses ora estão com os capitalistas, ora estão com o proletariado" (ibidem, p. 632). Porém essa vacilação de fato *corresponde* a seus interesses de classe corretamente entendidos ou reflete-se nela, muito antes, que os camponeses – com relação a seus interesses imediatos – são "realistas", empiristas escaldados, ao passo que, no que se refere à sua situação de classe, são *apenas* empiristas incapazes de visualizar corretamente o interesse real global de sua própria classe, de modo que sua consciência de classe atinge no

---

[69] György Lukács, *História e consciência de classe*, cit., p. 159-60.

máximo aquele nível que o camarada Lenin – *em contraposição à* consciência de classe proletária! – chamou de consciência trade-unionista quando se referiu ao proletariado? O que afirmei foi justamente isto: os camponeses não podem ter uma consciência de classe que corresponderia ao *nível* da consciência proletária. Em consequência de sua situação de classe, eles são *objetivamente incapazes* de conduzir e organizar a sociedade *como um todo* com base em e em conformidade com seus interesses de classe. A contradição de seu ser social (*metade* trabalhadores, *metade* especuladores) reflete-se em sua consciência. "Na medida em que a identidade de seus interesses não gera entre eles nenhum fator comum, nenhuma união nacional e nenhuma organização política, eles não constituem classe nenhuma." Pensemos na descrição que Engels faz da estratégia da guerra dos camponeses – para, de passagem, resolver outra objeção de Rudas. Eu disse: "Em segundo, é justamente nas questões da violência, precisamente nas situações em que as classes se enfrentam na luta pela existência, que os problemas da consciência de classe constituem os momentos finalmente decisivos" (*G.u.K.*, p. 64)[70]. O camarada Rudas acha (*AL*, v. 10, p. 1.070-1) que esse ponto de vista se contrapõe ao do teórico da guerra de Engels. Que ele leia ao menos uma vez atentamente o que consta em *A guerra dos camponeses*. Engels diz sobre a decisão militar (e era *só* dela que se falava):

O ardil do senescal o salvou da ruína certa. Se ele não tivesse conseguido aturdir os camponeses fracos, limitados e em sua maioria já desmoralizados e seus líderes em geral incapazes, medrosos e subornáveis, ele e seu pequeno exército teriam sido cercados por quatro colunas que, juntas, contavam com pelo menos 25 mil a 30 mil homens e estariam irremediavelmente perdidos. *Mas a tacanhice de seus inimigos, sempre inevitável no caso de massas de camponeses, possibilitou que ele se livrasse deles justamente no momento em que podiam ter resolvido toda a guerra a seu favor de um só golpe, pelo menos no que se refere à Suábia* <44> *e à Francônia.* (*Der deutsche Bauernkrieg*, p. 93-4; grifo meu)[71]

Pensemos também no domínio de Stambulüski[72], para citar um exemplo do passado mais recente, que é duplamente interessante, porque, por um

---

[70] Ibidem, p. 145.

[71] Friedrich Engels, *Der deutsche Bauernkrieg* (Leipzig, Genossenschaftsbuckdruckerei, 1875). Ed. bras.: *As guerras camponesas na Alemanha* (São Paulo, Grijalbo, 1977).

[72] Referência ao primeiro-ministro búlgaro Alexander Stambulüski (1879-1923), membro da União Agrária e editor do jornal do movimento agrário. Em 1923, a União Agrária ganhou as eleições, Stambulüski foi confirmado no cargo de primeiro-ministro e realizou uma reforma

80 | Reboquismo e dialética

lado, mostra drasticamente a incapacidade dos camponeses para governar e, por outro, deixa claro, justamente pelos erros cometidos pelo Partido Comunista, que só o proletariado pode e deve mostrar aos camponeses o caminho que lhes é *próprio*.

Não se pode dizer que o proletariado também não tenha agido incorretamente em muitas situações. Concedido. Porém, para o proletariado, é objetivamente possível evoluir *por suas próprias forças*, desenvolver-se na direção de uma consciência de classe real, não mais apenas trade-unionista. O campesinato precisa ser *conduzido*. É óbvio que essa condução não ocorre pela violência, é óbvio que se processa uma interação ininterrupta entre a mudança do ser social e a mudança da consciência do campesinato. Contudo, as contradições dialéticas do desenvolvimento global tornam-se conscientes *no* proletariado (ou, então, no PC), e o proletariado *fornece* aos camponeses o elo intermediário para seu desenvolvimento ulterior, que corresponde exatamente ao ser social e ao respectivo desenvolvimento da consciência dos camponeses, mas que a partir dessa consciência não poderia ser encontrado. A essas classes refere-se a frase "que as massas, movidas por impulsos muito diferentes, buscassem também objetivos muito diferentes e que a teoria representasse, para seu movimento, um conteúdo puramente casual, uma forma pela qual as massas elevassem à consciência sua ação socialmente necessária ou casual, sem que essa conscientização estivesse ligada, de maneira essencial ou real, à própria ação" (*G.u.K.*, p. 14)[73], da qual o camarada Rudas deriva, entre outras coisas, meu idealismo (*AL*, v. 9, p. 505-6). Ao fazer isso, ele esquece que, para o método dialético – só para ele, todavia –, "casual" de modo nenhum significa algo não necessário em termos causais. Pelo contrário, o acaso é a forma de manifestação de certo tipo de determinismo causal. Mesmo não conhecendo Hegel, o camarada Rudas poderia ter tomado ciência disso a partir de Engels, segundo o qual o acaso "não é mais que um dos polos de uma interdependência, da qual o outro se chama necessidade" (*Ursprung* [Origem], p. 183-4[74]; ver

---

agrária na Bulgária, mas naquele mesmo ano sofreu um golpe de Estado e foi assassinado ao tentar organizar a resistência.

[73] György Lukács, *História e consciência de classe*, cit., p. 65 (com modificações).

[74] Friedrich Engels, *Der Ursprung der Familie, des Privateigenthums und des Staats. Im Anschluss an L. H. Morgan's Forschungen* (6. ed., Stuttgart, J. H. W. Dietz, 1894). Ed. bras.: *A origem da família, da propriedade privada e do Estado* (trad. Leandro Konder, Rio de Janeiro, Vitória, 1964), disponível em: <www.marxists.org/portugues/marx/1884/origem/cap09.htm>; acesso em: 24 jun. 2015.

também a carta de Marx a Kugelmann, de 17 de abril de 1871, p. 87-8[75]). É certo, portanto, que a consciência adequada ao ser social dos camponeses é encontrada pelo proletariado e transmitida por ele ao campesinato e se torna eficaz neste, que o campesinato deve ser conduzido pelo proletariado, que o campesinato por si mesmo só consegue agir "espontaneamente", apenas <45> "casualmente"; mas isso tudo nem de longe significa que os camponeses não têm uma consciência que se origina necessariamente de seu ser social. Mas não se trata de uma consciência de classe no sentido daquela que *só* o proletariado *pode* ter. *Sendo assim*, os pontos em que o proletariado se conecta ao desenvolvimento do campesinato não precisam ser sob todas as circunstâncias os fatores do desenvolvimento mais apropriados em termos objetivamente econômicos. Pelo contrário. O erro doutrinário dos partidos comunistas mais jovens consistiu justamente no fato de que, por exemplo, o partido húngaro, durante a ditadura, pressupôs a superioridade objetivamente econômica da grande empresa agrícola administrada com métodos modernos e não deu atenção à necessidade de um longo período de instrução revolucionária para levar o campesinato a compreender a vantagem que essa grande empresa representa (para o campesinato!) em termos econômicos. Deixamos de perceber – em termos de doutrina – as formas específicas de desenvolvimento, de mediação da consciência dos camponeses. O camarada Lenin apontou reiterada e incisivamente para essa questão.

> Porém, até os dias de hoje eles mantiveram um preconceito contra a agricultura em grande escala. O camponês pensa: "Agricultura em grande escala é o mesmo que voltar a ser trabalhador rural". *Naturalmente, isso é falso*. Mas, entre os camponeses, a noção da agricultura em grande escala está associada ao ódio, à memória de como o povo era oprimido pelos proprietários de terras. Esse sentimento ainda persiste, ele não está morto. ("Über die Arbeit auf dem Lande. Rede am 8. Parteitag der KPR" [Sobre o trabalho no campo. Discurso na VIII Convenção do PCR], *Sammelband*, p. 536; grifo meu)[76]

Porém, implementar essa política, a *única correta*, junto do proletariado equivaleria a, por exemplo, fazer concessões a propensões sindicalistas existentes em amplas camadas de trabalhadores, equivaleria a fomentar aquele

---

[75] Karl Marx, *Briefe an Kugelmann*, cit.

[76] Cf. Vladimir I. Lenin, "VIII. Parteitag der KPR(B), 18.-23. März 1919 – 6. Bericht über die Arbeit auf dem Lande, 23. März", em *Werke*, v. 29 (Berlim, Dietz, 1974), p. 184-201 (p. 196).

82 | Reboquismo e dialética

rebaixamento de nível, no qual Lenin com toda razão vislumbrou uma característica essencial do oportunismo. Mas reconhecer essa diferença significa metodologicamente o mesmo que reconhecer que a relação entre ser social e consciência de classe no proletariado é *estruturalmente* diferente no campesinato, que nossa teoria deve tratar as diferentes formas de consciência das diferentes classes de modo concretamente dialético, historicamente dialético, não nos termos formais da sociologia nem nos da psicologia.

Desse modo, espero ter deixado bem claro o modo como uso o conceito "atribuição". Não vou abordar aqui os acompanhamentos, o molho que o camarada Rudas serve ao leitor com seu prato de asneiras reboquistas. Ele bem sabe que rompi totalmente com meu passado, não só em termos sociais, mas também filosóficos, que considero os escritos que redigi antes de meu ingresso no <46> PCH equivocados e falsos em todos os aspectos. (Isso de modo algum quer dizer que eu considero correto tudo o que escrevi desde 1918. A seleção que fiz em 1922 por ocasião da publicação de *G.u.K.* [*História e consciência de classe*] constitui ao mesmo tempo uma crítica dos escritos anteriores.) O camarada Rudas sabe, portanto, que, por exemplo, em lugar nenhum reconheci uma consciência genericamente humana; ele conhece meu posicionamento em relação a Max Adler (ver minhas análises críticas no *Wjestnik der Sozialistischen Akademie* [Mensageiro da Academia Socialista], 1923, caderno 3; e *Inprekorr*, v. 4, n. 148) etc. Se, apesar disso, ele afirma todas essas coisas, ele o faz para *obscurecer* o ponto polêmico propriamente dito: concepção bolchevista de partido contra reboquismo; foi por isso que, em suas extensas críticas, ele tratou de todos os temas possíveis – menos do ensaio decisivo de meu livro (*Observações metodológicas sobre a questão da organização*).

<47> II. Dialética na natureza

Nas considerações feitas até aqui, com frequência nos deparamos com o problema da mediação. Tivemos oportunidade de verificar a maneira funesta com que o camarada Rudas confunde todas as questões, o modo como ele é impelido sem parar a conclusões oportunistas por não tomar conhecimento desse fator decisivo do método dialético. Esse mal-entendido – repito: nesse ponto estou plenamente de acordo com ele – de modo algum é de natureza puramente lógica. O conhecimento das mediações, em particular das formas de mediação *reais* pelas quais são produzidas as formas de manifestação imediatas da sociedade, pressupõe um posicionamento crítico-prático, crítico-dialético, em relação à realidade social: o ponto de vista crítico-prático do proletariado revolucionário. A classe burguesa, até mesmo quando se trata de seus representantes científicos mais significativos, é obrigada a deter-se na imediatidade de suas formas sociais e, por essa razão, não é capaz de conhecer dialeticamente essa sociedade em sua totalidade e em seu devir, ou seja, em termos ao mesmo tempo teóricos e históricos. As correntes oportunistas do movimento dos trabalhadores identificaram com instinto certeiro a razão pela qual deviam direcionar seus ataques precisamente contra a dialética: apenas o afastamento da dialética possibilitou-lhes relegar ao esquecimento a elevação acima da imediatidade da sociedade burguesa propiciada pelo materialismo histórico e consumar a capitulação ideológica diante da burguesia. A questão filosófica da superação da imediatidade corresponde, em muitos pontos, à questão já tratada com o auxílio das exposições de Lenin a respeito da diferença entre a consciência trade-unionista e a consciência de classe. Do ponto de vista da imediatidade (não superada) da sociedade burguesa, as conclusões correspondentes à situação de classe da burguesia se apresentam por si mesmas, já que não passam de conclusões[77] lógicas (na maioria das vezes, todavia, meramente lógico-formais) tiradas desse fato imediato e não suprimido, aceito de modo acrítico, que é o desenvolvimento capitalista.

Naturalmente aqui, como em toda parte, as fronteiras são fluidas e há uma série infindável de elos intermediários que vai do materialismo histórico até as formas teóricas de expressão da mais superficial das esferas imediatas da circulação (por exemplo, a teoria da utilidade marginal). <48> Também é um problema dialético e, portanto, concretamente histórico, determinar que formas reais de mediação já estão objetivamente presentes em determinado estágio de desenvolvimento ou já estão dadas de modo cognoscível. Mas a desconsideração das formas de mediação necessariamente leva a desviar-se do método coerente de conhecimento e a tender para o idealismo, o agnosticismo, o subjetivismo etc. Assim, Engels (e, depois dele, Plekhanov) ressalta incisivamente que, nesse âmbito, o velho materialismo, ao tomar os fenômenos históricos como imediatos, tornou-se necessariamente incoerente, ou seja, idealista,

> que o velho materialismo torna-se infiel a si mesmo no âmbito histórico porque aceita as forças motrizes ideais nele atuantes como causas últimas em vez de investigar o que está por trás delas, quais são as forças motrizes dessas forças motrizes.

---

[77] Correção do texto original, que traz equivocadamente o termo *"Forderungen"* [exigências] em vez de *"Folgerungen"* [conclusões], expressão a que se refere na oração principal.

A incoerência não reside em reconhecer as forças motrizes *ideais*, mas em não continuar recuando às causas que as movem. (*Feuerbach*, p. 45)[78]

O camarada Rudas incorreu nesse idealismo em sua polêmica contra meu "idealismo". Depois de citar a bela e profunda sentença de Marx sobre a ciência unitária, a ciência da história, abaixo da qual *assino cada palavra*, ele diz de repente: "Até agora os cientistas da natureza não haviam praticado a ciência natural historicamente, e hoje isso ocorre cada vez menos. Eles também estão começando a entender: a própria ciência lhes está 'martelando' a dialética. De resto, porém, natureza e cientistas da natureza são duas coisas bem diferentes" (*AL*, v. 12, p. 1.071). Retornarei à última frase, que é muito importante para nossas diferenças de opinião. Por enquanto, eu gostaria de constatar aqui somente isto: o camarada Rudas assume um desenvolvimento imanente das ciências naturais. É o *desenvolvimento da ciência* que martela a dialética nos cientistas da natureza. *No plano imediato, sem dúvida é o que acontece*. Tanto a dissolução da dialética idealista na Alemanha quanto a dissolução da escola de Ricardo na Inglaterra e na França se consumaram – imediata e aparentemente – dessa maneira. É muito importante acompanhar o desenvolvimento divergente dos problemas e das soluções. Marx faz isso, por exemplo, de modo magistral no terceiro volume das *Teorias do mais-valor*; porém, ele de modo algum se contenta com isso e, em cada caso, aponta para o processo de transformação histórico real da sociedade, que produziu tanto a problemática interna de Ricardo quanto a crise de sua escola. Se fôssemos seguir essa linha de desenvolvimento – de cunho imanentemente filosófico ou imanentemente econômico –, <49> incorreríamos em um modo idealista de análise. Pois só nos casos mais raros a dialética é martelada *em termos imediatos* pela transformação das forças materiais de produção, mas esse martelar se manifesta, antes, na forma de contradições científicas, problemas que se tenta resolver, aprofundar etc. cientificamente, e só o dialético materialista está em condições de reconhecer "as forças motrizes das forças motrizes", recuar até a fonte *material* que gerou as contradições, os problemas, os erros, os embriões do correto etc., comprovando sua necessidade com base na transformação da estrutura econômica da sociedade a partir da situação de classe do pensador em questão, evidenciando a imediatidade ingênua, na qual os próprios pensadores

---

[78] Friedrich Engels, *Feuerbach und der Ausgang der klassischen deutschen Philosophie* [Feuerbach e a fase final da filosofia alemã clássica] (Stuttgart, Dietz, 1888), originalmente publicado como artigo na revista *Neue Zeit*, v. 4-5, 1886.

estavam presos, como produto do desenvolvimento histórico e, desse modo, superando a imediatidade. Marx diz:

> O conjunto dessas relações de produção constitui a estrutura econômica da socie-
> dade, a base concreta sobre a qual se eleva uma superestrutura jurídica e política
> e à qual correspondem determinadas formas de consciência social. O modo de
> produção da vida material condiciona o processo da vida social, política e intelec-
> tual em geral. Não é a consciência dos homens que determina seu ser; *é seu ser
> social* que, inversamente, determina sua consciência. (*Zur Kritik der politischen
> Ökonomie*, p. lv; grifo meu)[79]

Acaso as *formas de pensamento* pelas quais os seres humanos expressam suas relações com a natureza constituem uma exceção? Em outras palavras, os seres humanos se encontram numa *relação imediata* com a natureza ou seu metabolismo com a natureza é *socialmente mediado*? Este é o *ponto temático central* de minha controvérsia com os camaradas Deborin e Rudas e, no que segue, tentarei lançar um pouco de luz sobre os fatores metodológicos essenciais dessa oposição, claro que sem lhes fazer o favor de defender opiniões que eles bem que gostariam que eu defendesse, mas que não defendi em lugar nenhum e que, pelo contrário, rejeito com convicção.

Assim, retorno à citação anterior do escrito do camarada Rudas: "De resto, porém, natureza e cientistas da natureza são duas coisas bem diferentes". Totalmente correto. E, se tivesse se dado ao trabalho de ler com atenção a passagem do livro de minha autoria que ele ataca, teria descoberto que, nele, só falo (duas vezes!) do *conhecimento da natureza*, e não da natureza (*G.u.K.*, p. 17, nota)[80].

<50> 1. Metabolismo com a natureza

A única maneira de formular essa questão em termos marxistas é partindo da pergunta: como é constituído o *fundamento material* de nosso conhecimento da natureza? Marx se manifestou com muita clareza sobre isso em sua exposição crítica da filosofia de Feuerbach:

> Ele não vê como o mundo sensível que o rodeia não é uma coisa dada imediata-
> mente por toda a eternidade e sempre igual a si mesma, mas produto da indústria

---

[79] Karl Marx, *Zur Kritik der politischen Ökonomie* (Berlim, Franz Duncker, 1859). Ed. bras.: *Contribuição à crítica da economia política* (trad. Maria Helena Barreiro Alves, São Paulo, WMF Martins Fontes, 2011), p. 5.

[80] György Lukács, *História e consciência de classe*, cit., p. 69, n. 6.

e do estado de coisas da sociedade, e isso precisamente no sentido de que é um produto histórico, o resultado da atividade de toda uma série de gerações, [...] cada uma delas [postada] sobre os ombros da precedente [...][81]. Seu entendimento teórico do mundo sensível se restringe à mera contemplação e à mera sensação; por isso, ele não foi além da abstração "o homem", [...] ele não chega ao homem ativo e reconhece o homem corporal real meramente na esfera da sensação; amor e amizade são as únicas relações humanas que ele consegue descobrir [...] e lhe escapa totalmente que a tão *famosa unidade do homem com a natureza desde sempre consistiu na atividade produtiva humana*[82]. (Grifos meus; como não tenho acesso ao texto original, sou obrigado a citar de um excerto feito por Gustav Mayer, *Engels*, v. 1, p. 247)[83]

Temos de acercar-nos, portanto, dessa atividade produtiva humana.

Esse "metabolismo com a natureza" aparece primeiramente como "condição natural eterna da vida humana". Marx detalha isso assim:

O processo de trabalho, como expusemos em seus momentos simples e abstratos, é atividade orientada a um fim – a produção de valores de uso –, apropriação do elemento natural para a satisfação de necessidades humanas, condição universal do metabolismo entre homem e natureza, perpétua condição natural da vida humana e, por conseguinte, independente de qualquer forma particular dessa vida, ou melhor, comum a todas as suas formas sociais. (*Das Kapital*, Livro I, p. 146)[84]

Contudo, para que se entenda isso corretamente, de modo dialético concreto, e não formal e abstrato, é preciso acrescentar que, em primeiro lugar, Marx fala aqui do processo de trabalho em seus elementos simples e abstratos, de modo que ele teve necessidade "de apresentar o trabalhador em sua relação com outros trabalhadores" (ibidem), *abstraindo*, portanto, de todos os elementos sociais do processo de trabalho para elaborar com clareza os elementos *comuns a todos os processos de trabalho*. Isso é, como ele explica em outra parte sobre a produção <51> em geral, "uma abstração razoável, na medida em que efetivamente destaca e fixa o elemento comum, poupando-nos

---

[81] Até este ponto, a citação é literal. Ver Karl Marx e Friedrich Engels, *A ideologia alemã* (trad. Rubens Enderle, Nélio Schneider e Luciano C. Martorano, São Paulo, Boitempo, 2007), p. 30.

[82] A segunda parte da citação não é literal, mas uma reprodução aproximada. Ver ibidem, p. 30, 32 e 31 (nessa ordem).

[83] Cf. Gustav Mayer, *Friedrich Engels: eine Biographie* (Berlim, Julius Springer, 1920), 2 v. O texto em questão se encontra em Karl Marx e Friedrich Engels, "Die deutsche Ideologie", em *Werke*, v. 3 (Berlim, Dietz, 1969), p. 5-530 (p. 43 ss.).

[84] Ed. bras.: Karl Marx, *O capital*, Livro I, cit., p. 261.

assim da repetição" (*Zur Kritik*, p. xv)[85]. Ao mesmo tempo, ele adverte "que a unidade não nos faça esquecer a diferença essencial" e demonstra que justamente nesse esquecimento consiste "toda a sabedoria dos economistas modernos", uma fonte teórica da apologia do capitalismo como "forma eterna" da produção (ibidem, p. xvi)[86]. Logo antes da passagem citada (*Das Kapital*, Livro I, p. 143, n. 7)[87], Marx indica, por exemplo, que a determinação dada aqui de modo algum é suficiente para definir o processo capitalista de produção. O quanto se trata de uma "abstração razoável" é evidenciado pelo fato de que, para a unidade, a humanidade é o sujeito e a natureza é o objeto, ao passo que, na análise concreta de Marx, considerar a sociedade (um sujeito já bem mais concreto do que a humanidade) "como um único sujeito é, além disso, considerá-la falsamente, especulativamente" (*Zur Kritik*, p. xxvii)[88]. Na passagem citada anteriormente, o camarada Rudas vai ainda mais longe na rejeição de toda mudança social. Para ele, "a consciência do ser humano é um produto da natureza *do mesmo modo que* (grifo meu) o instinto dos animais". É claro que subjetivamente não posso levantar nenhuma objeção a que o camarada Rudas queira abraçar todo jumento como irmão; tampouco poderia objetar qualquer coisa objetivamente, se ele dissesse que a consciência humana também é produto da natureza. Claro que ela é produto da natureza. Ela é, contudo, um produto muito *peculiar* da natureza. Nas análises citadas sobre o processo de trabalho em sua forma mais simples, Marx mostra que o *fundamento material* da consciência que surge nesse caso é fundamentalmente diferente daquele dos animais, que, portanto, o "do mesmo modo que" do camarada Rudas – para dizer pouco – não é marxiano. Porque já na análise do processo de trabalho em seus momentos simples e abstratos pressupõe-se "o trabalho numa forma em que ele diz respeito unicamente ao homem" (*Das Kapital*, Livro I, p. 140)[89]. O distintivo reside – *horribile dictu* [coisa horrível de se dizer] – justamente na consciência, no fato de que o resultado do processo de trabalho já existia na cabeça do trabalhador antes do processo.

---

[85] Ed. bras.: idem, *Grundrisse: manuscritos econômicos de 1857-1858 – esboços da crítica da economia política* (trad. Mario Duayer et al., São Paulo/Rio de Janeiro, Boitempo/Editora da UFRJ, 2011), p. 41.

[86] Ed. bras.: idem.

[87] Ed. bras.: idem, O *capital*, Livro I, cit., p. 258, n. 7.

[88] Ed. bras.: idem, *Grundrisse*, cit., p. 48.

[89] Ed. bras.: idem, O *capital*, Livro I, cit., p. 255.

Em segundo lugar, esse processo de trabalho é determinado mais precisamente como "atividade voltada para a produção de valores de uso". Marx de fato considera o valor de uso como "a relação natural entre coisas e ser humano", "a existência das coisas para os homens", ao passo que o valor de troca – surgido depois – é "a existência *social* das coisas" (*Theorien über den Mehr* <52> *wert*, v. 3, p. 355)[90]. Ora, espero que – entre marxistas – não seja necessário explicar em detalhes que valor de uso e valor de troca se encontram em uma interação dialética mútua. Nessa relação, as *formas reais de mediação* que se interpõem entre ser humano e natureza aparecem com frequência cada vez maior e de modo cada vez mais determinante. O consumo, no qual vige de forma pura o caráter de valor de uso da coisa, é mediado e determinado das formas mais variadas possíveis pelos modos de produção. Assim, Marx diz:

> *Primeiro*, o objeto não é um objeto em geral, mas um objeto determinado que deve ser consumido de um modo determinado, por sua vez mediado pela própria produção. Fome é fome, mas a fome que se sacia com carne cozida, comida com garfo e faca, é uma fome diversa da fome que devora carne crua com mão, unha e dente. Por essa razão, não é somente o objeto do consumo que é produzido pela produção, mas também o modo do consumo [...]. O próprio consumo, quando sai de sua rudeza e imediaticidade originais – e a permanência nessa fase seria ela própria o resultado de uma produção aprisionada na rudeza natural –, é mediado, enquanto impulso, pelo objeto. (*Zur Kritik*, p. xxiv-xxv)[91]

O desenvolvimento toma uma direção que ressalta cada vez mais intensamente a predominância do fator social. "Em todas as formas em que domina a propriedade da terra, a relação natural ainda é predominante. Naquelas em que domina o capital, predomina o elemento social, historicamente criado" (ibidem, p. xliv)[92].

Lancemos, agora, um olhar sobre o entendimento de Marx a respeito da relação entre seres humanos e natureza, cujo modo de ser objetivo determina sua consciência da natureza e, portanto, seu conhecimento da natureza. Limito-me a citar algumas passagens:

---

[90] Idem, *Theorien über den Merhwert*, v. 3: *von Ricardo zur Vulgärokonomie* (4. ed., org. Karl Kautsky, Stuttgart, J. H. W Dietz, 1921). Ed. bras.: *Teorias da mais-valia: história crítica do pensamento econômico*, v. 3 (trad. Reginaldo Sant'Anna, São Paulo, Difel, 1985), p. 1.343.

[91] Ed. bras.: idem, *Grundrisse*, cit., p. 47.

[92] Ed. bras.: ibidem, p. 60.

Para produzir, eles assumem determinadas relações e determinados vínculos uns com os outros, e *somente no quadro* dessas relações e desses vínculos acontece sua relação com a natureza, acontece a produção. (*Lohnarbeit und Kapital* [Trabalho assalariado e capital], p. 21)[93]

Toda e qualquer produção é apropriação da natureza pelo indivíduo, no quadro e por intermédio de uma forma de sociedade determinada. (*Zur Kritik der politischen Ökonomie*, p. xviii-xix)[94]

Da forma determinada da produção resulta, em primeiro lugar, uma estruturação determinada da sociedade e, em segundo lugar, *uma relação determinada entre ser humano e natureza.* (*Theorien über den Mehrwert*, v. 1, p. 381-2)[95]

Apenas ultrapassado o primeiro *estado* animal, o homem obtém propriedade sobre a natureza por meio de sua existência como membro de uma comunidade, família, tribo etc., *por meio de uma [relação] com os outros homens, a qual determina sua relação com a natureza.* (Ibidem, v. 3, p. 443; todos os grifos são meus)[96]

<53> Creio que essas passagens têm uma linguagem bem clara. Elas dizem o mesmo que a sentença fundamental do materialismo histórico: "Não é a consciência dos homens que determina seu ser; é *seu ser social* que, inversamente, determina sua consciência".

Nossa consciência da natureza e, portanto, nosso conhecimento da natureza são determinados por nosso ser social. Isso foi o que eu disse nas poucas observações dedicadas a essa questão; nada menos, mas também nada mais que isso. Examinemos agora mais de perto se daí decorre tudo aquilo que meus críticos julgam poder inferir, ou seja, o contrário do que eu disse. O camarada Rudas resume suas acusações em três pontos: 1) daí resulta um dualismo (natureza: não dialética; sociedade: dialética – *AL*, v. 9, p. 502); 2) a dialética é obra humana (ibidem, p. 502-3); e 3) a dialética não é "nenhuma lei objetiva e, portanto, independente do ser humano, mas uma lei humana subjetiva" (ibidem, p. 504).

O entendimento defendido aqui por Rudas contém, a meu ver, um *subjetivismo* muito perigoso (que está estreitamente relacionado com seu kantismo

---

[93] Idem, *Lohnarbeit und Kapital* (Berlim, 1908). Ed. port.: "Trabalho assalariado e capital", em *Obras escolhidas*, t. 1 (Lisboa/Moscou, Avante!/Progresso, 1982), p. 142-7.

[94] Ed. bras.: idem, *Contribuição à crítica da economia política*, cit., p. 231.

[95] Ed. bras.: idem, *Teorias da mais-valia*, v. 1, cit.

[96] Ibidem, v. 3, cit. Ed. bras.: ibidem, v. 3, cit., p. 1.420.

dissimulado e parcial). Pois, para ele – como para o camarada Deborin na passagem citada no início –, em todas as circunstâncias parece que sujeito = ser humano (sociedade) e objeto = natureza. Disso naturalmente decorre que tudo o que é produto dos "seres humanos" (isto é, do processo de desenvolvimento histórico-social) incide do lado do sujeito e que uma objetividade real só cabe às coisas e às conexões que existem independentemente não só do ser humano (como sujeito do conhecimento), o que é o entendimento marxista correto, mas também do processo de desenvolvimento histórico da sociedade. Em seguida abordarei a questão sobre em que medida a dialética, segundo meu entendimento, é "obra humana"; só o que precisa ser feito agora é indicar de forma incisiva que, dessa maneira, Rudas (e Deborin, que, nessa questão, fica claro que concorda com ele) concebe o antagonismo de sujeito e objeto de modo rígido, não dialético; que, para eles – como para Kant e todos os kantianos –, o sujeito está de um lado, e o objeto, do outro, só podendo ser objetivo aquilo que é isento de todo contato com o sujeito. Só a formulação diferencia esse entendimento daquele dos neokantianos, como, por exemplo, de Rickert, para quem sujeito é aquilo que jamais poderá se tornar objeto (*Gegenstand der Erkenntnis* [Objeto do conhecimento], 3. ed., p. 46 ss.)[97]. Esse entendimento de Rudas não só está muito próximo do kantiano <54> em seu fundamento não dialético, mas também parte de uma problemática "gnosiológica-crítica" similar, ao não examinar a questão da objetividade na inter-relação histórica real dos fatores objetivos e subjetivos do desenvolvimento nem a analisar em sua interação viva, mas de antemão (*a priori*, atemporalmente, gnosiologicamente) tentar depurar a "objetividade" de "todos os ingredientes subjetivos". Nem Rudas nem Deborin chegam às últimas consequências de seu posicionamento. Pois, se fizessem isso, teriam de posicionar *todas* as formas de manifestação sociais do lado da subjetividade e negar que o critério da objetividade – de que o objeto existe independentemente do sujeito cognoscente, do sujeito que o percebe etc. – existe na sociedade. No entanto, eles recuam diante de tais consequências que contradizem o abecê do marxismo. Contudo, quem pensa até o fim suas exposições aqui citadas tem de chegar à seguinte consequência: aquilo que é "obra humana" é "subjetivo". Visto que, como se sabe, os seres humanos fazem sua própria história – a história é um campo do subjetivismo.

---

[97] Heinrich Rickert, *Gegenstand der Erkenntnis: Einführung in die Transzendentalphilosophie* (3. ed., Tübingen, Mohr-Siebeck, 1915).

Obviamente isso é bobagem. Pressupondo que eu tenha afirmado (logo mostrarei que fiz o oposto) que a dialética é um produto do desenvolvimento histórico, ainda assim ela não seria "algo subjetivo". Renda fundiária, capital, lucro etc. nada mais são que produtos desse desenvolvimento; mas quem os consideraria como algo meramente subjetivo? Quem está enredado nos pontos de vista imediatos da sociedade burguesa e, no entanto, deseja escapar deles; portanto, quem reconhece o fator "subjetivo" nos fatos sociais dados, mas é incapaz de reconhecer do mesmo modo a interação dialética de subjetividade e objetividade presente neles, quem não está em condições de compreender o modo e a razão de sua objetividade. (Conferir a crítica de Marx aos seguidores radicais de Ricardo, que começaram a discernir o fetiche da mercadoria, mas viram nele algo meramente subjetivo.) Impelido nesse ponto – no qual ele atua "gnosiologicamente" – por suas análises históricas a tirar essas consequências, o camarada Rudas lança-se, movido por um medo compreensível, no extremo diametral e mecanicamente oposto. Compreendendo, como mostramos, o desenvolvimento social como um processo depurado de "todo ingrediente subjetivo", ele tem um entendimento kantiano mecanicista da realidade objetiva.

<55> A dialética não seria, portanto, algo subjetivo nem mesmo se considerada produto do desenvolvimento histórico-econômico da humanidade. (O camarada Rudas, no entanto, parece conceber "objetivo" como oposto a socialmente condicionado. Assim, ele fala do "processo objetivo de produção" em contraposição a seu "invólucro capitalista", que, portanto, para ele, evidentemente representa algo subjetivo – *AL*, v. 9, p. 515-6.) Porém, segundo meu entendimento, é claro que não é isso. As "perguntas embaraçosas" que o camarada Rudas (ibidem, p. 502) formula são fáceis de responder. Obviamente, a sociedade surgiu *a partir da* natureza. Obviamente, a natureza e suas leis já existiam *antes* da sociedade (portanto, antes dos seres humanos). Obviamente, *seria* impossível que a dialética se tornasse efetiva como *princípio objetivo de desenvolvimento* da sociedade se não estivesse ativa, se *não existisse objetivamente* já como princípio de desenvolvimento da natureza anterior à sociedade. Porém, disso não decorre nem que o desenvolvimento social não pudesse produzir formas novas, igualmente objetivas, de movimento, novos fatores dialéticos, nem que os fatores dialéticos no desenvolvimento da natureza pudessem *ser conhecidos* sem a mediação dessas novas formas socialmente dialéticas. Pois evidentemente só podemos falar sobre aqueles fatores da dialética que já reconhecemos ou que estamos prestes a reconhecer. O entendimento dialético do conhecimento como

92 | Reboquismo e dialética

processo inclui não só a possibilidade de conhecer, no curso da história, novos conteúdos, novos objetos, os quais não conhecemos até agora, mas também de que surjam novos conteúdos, que só serão conhecidos por intermédio de princípios do conhecimento também novos. Sabemos que até hoje conhecemos apenas parte da realidade objetiva infinita (e tal parte, com certeza, apenas de modo parcialmente correto), mas, ao compreender o processo do conhecimento de modo dialético, como processo, temos de compreender também esse processo concomitantemente como *parte* do processo social objetivo de desenvolvimento. Isto é, temos de compreender que o *"o quê"*, o *"como"*, o *"até onde"* etc. do conhecimento são determinados pelo estágio de desenvolvimento do processo objetivo de desenvolvimento da sociedade. Ao compreender o caráter dialético do conhecimento, o compreendemos ao mesmo tempo como *processo histórico*. Como processo histórico, porém, o conhecimento é apenas uma parte, apenas a parte consciente (correta ou falsamente consciente) daquele processo social de desenvolvimento, daquela transformação ininterrupta do ser social, que se efetua também em ininterrupta interação com a natureza (metabolismo entre a sociedade e a natureza).

É impossível que esse metabolismo com a natureza <56> se efetue – mesmo no estágio mais primitivo – sem que se detenha certo grau de conhecimento objetivamente correto dos processos naturais (que são anteriores aos seres humanos e transcorrem independentemente deles). A mais primitiva aldeia de negros não poderia existir um dia sequer se seus moradores não fossem capazes de observar, antever etc. com certo grau de correção (isto é, em sua objetividade independente dos seres humanos) os fenômenos naturais vitais para eles. É certo que essas observações estão restritas a um pequeno círculo de fenômenos naturais; é certo que as "teorias", nas quais a conexão dos fenômenos se torna consciente nesse caso, são ingênuas, falsas ou constituem até fraude consciente. Contudo, também nesse caso, a necessidade de existir na realidade objetiva implica a necessidade de conhecer essa realidade – na medida do possível – corretamente em sua objetividade. O modo e o grau desse conhecimento dependem da estrutura econômica da sociedade, pois o modo e o grau do metabolismo entre sociedade e natureza, entre sociedade e fundamento material do conhecimento, dependem do estágio de desenvolvimento da estrutura econômica da sociedade.

Marx acentuou do modo mais enfático possível em inúmeras passagens que o conhecimento humano é determinado – quanto à origem, quanto aos problemas com que se defronta e que tem de resolver para a sociedade em questão sob pena de aniquilação – pelas condições econômicas de vida da sociedade, na qual o respectivo conhecimento surge. Remeto tão somente ao exemplo do movimento periódico do rio Nilo como gerador da astronomia egípcia (*Das Kapital*, Livro I, p. 478, n. 5)[98]. A pergunta que surge, porém, é esta: as respectivas categorias com que a realidade objetiva é sintetizada para o conhecimento humano também são determinadas pela estrutura econômica, pelo ser social? Parece-me indubitável que só pode ter sido essa a opinião de Marx. No caso do modo como as sociedades pré-capitalistas entendem a natureza, provavelmente ninguém contestará isso; mas Marx pensava assim também em relação ao conhecimento da natureza na época, o que fica evidente na passagem de uma carta sobre Darwin, que ele tinha em alta conta e cujas teorias sempre considerou fundamentais. Ele escreveu a Engels:

> É estranho como Darwin consegue reconhecer, entre bestas e plantas, sua sociedade inglesa caracterizada por divisão do trabalho, concorrência, abertura de novos mercados, "invenções" e "luta pela sobrevivência" de Malthus. É o *bellum omnium contra omnes* [guerra de todos contra todos] de Hobbes, lembrando também a *Fenomenologia* de Hegel, na qual a sociedade <57> civil figura como "reino animal do espírito"[99], ao passo que em Darwin o reino animal figura como sociedade civil. (*Briefwechsel* [Correspondência], v. 3, p. 70)[100]

Parece ser algo bastante plausível achar possível imputar a tal entendimento a pecha de relativismo ou agnosticismo. Mas com que direito? Haveria relativismo se a condicionalidade histórico-social do pensamento humano fosse entendida do modo burguês não dialético e, portanto, formal e abstrato ou historicista e não teórico (por exemplo, ao estilo de Ranke); se alguém dissesse que o entendimento da natureza da aldeia de negros e o da sociedade capitalista são determinados pela estrutura econômica de seu ser social, logo, ambos estão igualmente próximos (isto é, igualmente distantes) da verdade objetiva. Porém, para o marxista, o fundamento material do conhecimento (aqui, metabolismo entre sociedade e natureza) é um processo concreto e objetivo, mais precisamente, um processo histórico teoricamente cognoscível. Daí se

---

[98] Ed. bras.: Karl Marx, O *capital*, Livro I, cit., p. 582, n. 5.

[99] Cf. G.W. F. Hegel, *Fenomenologia do espírito* (trad. Paulo Meneses, Petrópolis/Bragança Paulista, Vozes/Universidade São Francisco, 2002), p. 277 ss.

[100] August Bebel e Eduard Bernstein (orgs.), *Der Briefwechsel zwischen Friedrich Engels und Karl Marx*, v. 3: *1861 bis 1867* (Stuttgart, J. H. W. Dietz, 1913).

depreende que, nesse processo, podem-se observar determinadas tendências, certas sequências de estágios etc., que seus estágios não têm todos o mesmo grau de relevância para o conhecimento objetivo a ser alcançado (como para o historicismo) e que o estágio temporalmente posterior não precisa obrigatoriamente ser o mais elevado em todos os aspectos porque o desenvolvimento teria de acontecer em linha reta "ascendente" (evolucionismo). Disso se conclui, muito antes, que cada análise concreta da estrutura econômica da sociedade determina o estágio de desenvolvimento do metabolismo entre sociedade e natureza e que daí resulta o estágio de desenvolvimento (nível, intensidade, modo etc.) do conhecimento da natureza. Portanto, o conhecimento que se pode alcançar em cada caso concreto é relativo, na medida em que pode ser modificado e até evidenciado como falso por um desenvolvimento da estrutura econômica da sociedade em um nível mais elevado (e por uma correspondente expansão, intensificação etc. do metabolismo entre sociedade e natureza). Contudo, na medida em que esse conhecimento condiz com a realidade objetiva do ser social e da natureza por ele mediada, ele é verdade objetiva, verdade absoluta, que só muda de lugar e altera sua explicação teórica etc. mediante o conhecimento mais abrangente e mais correto que o "supera". (Assim, por exemplo, as observações corretas da astronomia de Ptolomeu ou de Tycho Brahe foram "superadas" na astronomia copernicana, permanecendo verdades objetivas, embora as teorias inventadas para explicá-las tenham se mostrado equivocadas.) Portanto, o materialismo dialético contém relativismo na medida em que o dialético precisa estar consciente de que as categorias de que se vale para conceber a realidade <58> objetiva (sociedade e natureza) são determinadas pelo ser social da época presente, que elas não passam de versões ideais dessa realidade objetiva. (Categorias são "formas do ser, determinações de existência", segundo Marx.)[101] O materialismo histórico se eleva acima de qualquer método que o precedeu, por um lado, na medida em que concebe toda a realidade de modo coerente como *processo histórico* e, por outro, na medida em que é capaz de compreender cada ponto de partida do conhecimento, o próprio conhecimento igualmente como produto do processo histórico objetivo e, por conseguinte, não é obrigado a absolutizar nem o próprio conhecimento nem a presente realidade histórica que determina concretamente as formas e os conteúdos do conhecimento (o que Hegel ainda foi obrigado a fazer).

---

[101] Cf. ed bras.: Karl Marx, *Grundrisse*, cit., p. 59.

Se alguém quiser chamar de relativismo ou agnosticismo essa clareza acerca dos fundamentos e das determinações concretas do conhecimento, pode até fazê-lo, mas trata-se de um mau uso burguês da terminologia.

Pois o que meus críticos me imputam como agnosticismo nada mais é que, com referência ao atual estágio do desenvolvimento social – e obviamente recuso-me a discutir possibilidades utópicas para o futuro –, contesto uma relação imediata, não mediada socialmente, entre ser humano e natureza e, em consequência, sou da opinião que nossos conhecimentos da natureza são socialmente mediados porque seu fundamento material é socialmente mediado; portanto, que permaneço fiel à formulação marxiana do método do materialismo histórico: "É o ser social que determina a consciência". Parece-me um tanto nebuloso como desse entendimento poderia surgir um dualismo (o dualismo de natureza e sociedade). Pelo contrário. Ao insistir – como evidentemente fazem Deborin e Rudas – na possibilidade da relação imediata com a natureza, esse entendimento leva aos conhecimentos de que natureza e história se desenvolvem paralela e independentemente um do outro, ou seja, *de modo dualista*. Na medida em que esse dualismo é superado, sucede que todas as categorias histórico-sociais específicas são apagadas, sendo reconhecidas em função do conhecimento da história somente as categorias que também podem ser empregadas na ciência da natureza. Podemos admirar-nos com onde isso vai dar no caso da teoria reboquista da consciência de classe de Rudas e, a seguir, temos oportunidade de apreciar o mesmo em Deborin. E, se desse modo não se busca na revolução do ser social (que constantemente modifica o modo, o grau etc. do metabolismo com a natureza) a razão para a transformação de <59> nosso conhecimento da natureza, surge um idealismo puro, como no caso do camarada Rudas com seu desenvolvimento dialético imanente da ciência, ou então é preciso aceitar que as respectivas mudanças fundamentais ocorridas na ciência da natureza foram reflexos de transformações na natureza. (Por exemplo, antigamente o Sol girava em torno da Terra, e agora a relação se inverteu – daí Copérnico –; todavia, não queremos nos ocupar mais detidamente com esse absurdo.) A seguinte passagem de sua polêmica mostra como o camarada Rudas está longe de até mesmo ver qual é o problema nesse caso, como ele procura ocultar seu entendimento não dialético atrás da gritaria histérica sobre idealismo, dualismo etc. Ressaltei (*G.u.K.*, p. 17)[102] como característica decisiva

---

[102] György Lukács, *História e consciência de classe*, cit., p. 69, n. 6.

do método dialético, isto: "Modificação histórica do substrato das categorias como fundamento de sua modificação no pensamento". O camarada Rudas diz: "O sentido dessa linguagem de gatunos é totalmente secundário para nós, pois é suficiente decifrar que 'se fala de uma mudança no pensar'. Só seres humanos pensam; para nosso propósito, isso é o bastante" (*AL*, v. 9, p. 503). Parece que a simples menção de uma "mudança no pensar" é suficiente para despertar a nobre indignação do camarada Rudas e, em sua nobre indignação, ele já nem percebe mais que a tão malvista "mudança no pensar" foi afirmada, nesse contexto, como efeito, mais precisamente como efeito da realidade objetiva existente fora do pensamento (efeito do substrato das categorias). A frase significa, portanto, que precisa ocorrer uma transformação na matéria (no substrato do pensamento) para que disso decorra uma transformação no pensar. O camarada Rudas, que, pelo visto, desejaria eliminar o processo cognitivo humano do ato de pensar, assim como elimina a ação humana da política, pode achar desagradável que *ao pensar* sejam necessários seres humanos, em cuja cabeça a realidade assume uma forma consciente, mas não há como mudar isso. Portanto, essa frase *afirma* precisamente que uma dialética objetiva existiu e existe na realidade independentemente do ser humano e antes de o ser humano aparecer; talvez a única pessoa a pôr em dúvida que para o *ato de pensar da dialética*, para a dialética como conhecimento (e foi *só* disso que se falou nessa nota), são necessários seres humanos pensantes seja o camarada Rudas, cujo pensamento eclético é assombrado por reminiscências bolzano-husserlianas da "proposição em si", de uma verdade que existe independentemente de todo ser pensado e que, portanto, converte a objetividade dialética do pensar em um objetivismo logicista burguês.

<60> Assim, o dualismo de meu entendimento parece um pouco duvidoso. Precisamente segundo minha interpretação do marxismo – e só segundo ela –, *todo* o nosso conhecimento possui uma fonte única: o desenvolvimento da sociedade e do metabolismo entre sociedade e natureza, que igualmente evolui no curso desse desenvolvimento. Todo entendimento contrário, que aceita uma relação imediata entre ser humano e natureza, ou seja, uma relação independente do ser social (como fonte de conhecimento da natureza), deve apresentar o desenvolvimento dessas duas áreas do conhecimento independentemente uma da outra e, *portanto, de modo dualista*; deve assumir o princípio comum, caso se consiga encontrá-lo; deve assumir a dialética meramente como princípio do conhecimento, como uma espécie de lógica superior e, com isso, *idealisticamente*.

2. Categorias simples e categorias superiores na dialética

Essa conexão, todavia, de modo nenhum representa uma interdependência mecânica das duas áreas do conhecimento. Dado que seu fundamento material constitui um processo dialético, dado que a estrutura econômica da sociedade e o metabolismo entre sociedade e natureza se encontram constantemente em uma mútua interação dialética real, sua conexão objetiva também é dialética. Já no quadro dos fenômenos sociais, essas conexões não se configuram de maneira simples, mas de modo cambiante no decorrer do desenvolvimento histórico, de modo que fenômenos se modificam não só quanto ao conteúdo – essas alterações são reconhecidas também pela historiografia burguesa –, mas a estrutura das conexões se altera em consequência da transformação do material real. Assim, Marx aponta reiteradamente para essa "relação desigual do desenvolvimento da produção material com, por exemplo, o desenvolvimento artístico" (*Zur Kritik*, p. xlvii)[103]. As exposições a seguir mostram, porém, que a arte de fato foi apenas um exemplo e que entre direito e produção também podem interpor-se desenvolvimentos desiguais. Disso resulta um problema, que é insolúvel apenas para o pensamento burguês mecanicista, o qual necessariamente se enreda na antinomia fetichista de "leis brônzeas, eternas", ou da "individualidade única". No materialismo dialético, o problema estrutural é resolvido historicamente (isto é, mediante a explicitação da gênese histórica, real e concreta da respectiva estrutura) e o problema histórico é resolvido teoricamente (isto é, mediante a explicitação da legalidade produzida pelo <61> respectivo estado de coisas concreto). Por essa razão, Marx enfatiza a sequência das categorias econômicas: "Sua ordem é determinada, ao contrário, pela relação que têm entre si na moderna sociedade burguesa, e que é exatamente o inverso do que aparece como sua ordem natural ou da ordem que corresponde ao desenvolvimento histórico" (ibidem, p. xliv)[104].

Contudo, do fato de que o próprio processo objetivamente real é dialético, de que a gênese e a vinculação reais dos conhecimentos que corretamente o refletem são igualmente dialéticas, nem de longe decorre que todo conhecimento sempre tenha de surgir *na forma de conhecimento do método dialético*. O dito do jovem Marx de que "a razão sempre existiu, só que nem sempre na forma

---

[103] Ed. bras.: Karl Marx, *Grundrisse*, cit., p. 62.

[104] Ibidem, p. 60.

racional" (*Nachlaß* [póstuma], v. 1, p. 381)[105] aplica-se também à dialética. Depende da estrutura econômica da sociedade e da situação de classe nela assumida pelo cognoscente se e em que medida um contexto objetivamente dialético assumirá a forma dialética, se e em que medida os homens *poderão* tomar consciência do caráter dialético do contexto em questão. Dependendo das circunstâncias, esse caráter poderá nem mesmo aflorar no plano gnosiológico e cognitivo; ele talvez apareça como contradição insolúvel, como antinomia; ele pode ser compreendido corretamente em alguns de seus traços, sem que seu lugar correto no desenvolvimento global seja corretamente determinado etc. A partir do que foi dito até agora, fica claro que, apesar de tudo, tais conhecimentos podem ser objetivamente corretos, ao menos em parte. Mas, só quando o desenvolvimento histórico da sociedade tiver avançado a tal ponto que os problemas reais que estão na base dessas contradições etc. estiverem resolvidos ou maduros para uma solução, poderá ser alcançado o conhecimento teoricamente correto, o conhecimento dialético. Em outras palavras, a dissolução, a superação, de uma contradição dialética é produzida pela realidade no processo histórico real. O pensamento pode, sob certas condições, antecipar mentalmente tais processos, mas só quando essa superação estiver objetivamente presente no processo histórico real como tendência de desenvolvimento real, embora ainda não amadurecida na prática. E se essa conexão com o processo histórico real não tiver se tornado totalmente consciente, se todo problema dialético não tiver sido posto em relação com seu fundamento material concreto, a antecipação mental necessariamente se perderá no plano abstrato, no plano idealista (Hegel).

A partir disso, poder-se-á apreciar a mais séria das objeções levantada por Deborin contra meu <62> entendimento da dialética, a saber, que eu negligencio as categorias simples da dialética em favor das categorias superiores. Deborin diz:

> Apenas queremos sublinhar que Hegel sempre levou em consideração todos os fatores do processo de desenvolvimento, que ele, galgando o cume da ideia absoluta, mostrou simultaneamente que seu conteúdo é formado pelo processo de

---

[105] Carta de Karl Marx a Arnold Ruge de setembro de 1843: "Ein Briefwechsel von 1843", em Franz Mehring (org.), *Aus dem literarischen Nachlass von Karl Marx, Friedrich Engels und Ferdinand Lassalle*, v. 1 (Stuttgart, J. H. W. Dietz, 1902), p. 360-83 (p. 379-83). Ed. bras.: "Cartas dos *Anais Franco-Alemães* (de Marx a Ruge)", em Karl Marx, *Sobre a questão judaica* (trad. Nélio Schneider e Wanda Nogueira Caldeira Brant, São Paulo, Boitempo, 2010), p. 71.

desenvolvimento global. O movimento progressivo tem início em conceitos ou categorias abstratos e simples e passa para os conceitos seguintes, os quais vão se tornando cada vez mais ricos e concretos. (*AL*, v. 9, p. 636)

Isso está correto como descrição – em grandes traços – do *modo expositivo* de Hegel, e é possível que Hegel, sendo idealista, muitas vezes estivesse enredado na ilusão de que esse modo expositivo das categorias dialéticas corresponderia tanto a seu contexto objetivamente real quanto ao processo real de sua cognoscibilidade. Para Marx, a quem Deborin atribui esse ponto de vista "em grandes traços", com certeza não (idem). Para Marx, sempre esteve claro que o inferior (o mais simples, o mais abstrato) só pode ser *conhecido a partir do* superior (do mais complexo, do mais concreto). Ele diz: "A anatomia do ser humano é uma chave para a anatomia do macaco. Por outro lado, os indícios de formas superiores nas espécies animais inferiores só podem ser compreendidos quando a própria forma superior já é conhecida. Do mesmo modo, a economia burguesa fornece a chave da economia antiga etc." (*Zur Kritik*, p. xlii)[106]. Para Marx, portanto, a categoria simples é o ponto de partida da *exposição* (mercadoria, trabalho, dinheiro etc.). Sua dialética materialista, seu materialismo histórico, contudo, impede-o do equívoco de não perceber o caráter histórico (dependendo das circunstâncias, até historicamente tardio, resultado de muitas derivações) das categorias simples. Ele diz precisamente sobre o trabalho:

O trabalho parece uma categoria muito simples. A representação do trabalho nessa universalidade – como trabalho em geral – também é muito antiga. Contudo, concebido economicamente nessa simplicidade, o "trabalho" é uma categoria tão moderna quanto as relações que geram essa simples abstração. [...]

Por conseguinte, a abstração mais simples, que a Economia moderna coloca no primeiro plano e que exprime uma relação muito antiga e válida para todas as formas de sociedade, tal abstração só aparece verdadeira na prática como categoria da sociedade mais moderna. (Ibidem, p. xxxix e xli)[107]

Logo, "o método de ascender do abstrato ao concreto é somente o modo do pensamento de apropriar-se do concreto, de reproduzi-lo como um concreto mental. Mas de forma alguma é o processo de gênese do próprio concreto"

---

[106] Ed. bras.: Karl Marx, *Grundrisse*, cit., p. 58.

[107] Ibidem, p. 57-8.

(ibidem, p. xxxvi)[108]. Quando identifica o método de Hegel como o de Marx "em grandes traços", Deborin <63> incorre na ilusão de Hegel "de conceber o real como resultado do pensamento que sintetiza-se em si, aprofunda-se em si e movimenta-se a partir de si mesmo" (idem)[109]. Não seria muito difícil demonstrar esse método em todas as exposições concretas posteriores de Marx; não seria difícil provar que ele sempre se recusou a conceber a totalidade concreta como algo construído realmente a partir de seus elementos abstratos simples, embora tenha adotado esse procedimento muitas vezes (muito corretamente!) como modo de exposição. Limito-me a citar a passagem sobre as crises:

> Não pode existir crise sem que compra e venda se separem uma da outra e entrem em contradição ou sem que apareçam as contradições que contêm o dinheiro como meio de pagamento; portanto, sem que a crise aflore simultaneamente na forma simples – a contradição de compra e venda, a contradição do dinheiro como meio de pagamento. Porém, essas são também simples *formas*, possibilidades universais das crises e, por conseguinte, também formas, formas abstratas da crise real. Nelas, a existência da crise aparece em suas formas mais simples e, assim, em seu conteúdo mais simples, já que essa forma mesma é seu conteúdo mais simples. Mas ainda não é um *conteúdo* fundamentado. A circulação simples de dinheiro e mesmo a circulação do dinheiro como meio de pagamento – e ambas existiram muito *antes* da produção capitalista e sem que ocorressem crises – são possíveis e reais sem haver crises. Portanto, não há como explicar exclusivamente a partir dessas formas a razão pela qual elas exibem seu lado crítico, a razão pela qual aparece como tal a contradição potencialmente contida nelas. (*Theorien über den Mehrwert*, v. 2, p. 285-6)

A partir de tudo isso, vem à tona a conexão entre categorias "simples" e "superiores" em Marx. As categorias superiores precisam ser produzidas pelo desenvolvimento histórico real, e seus nexos dialéticos têm de ser corretamente conhecidos, para que as funções históricas e sistemáticas das categorias simples que lhes correspondem também sejam conhecidas. Conceber o processo ao inverso constitui uma ilusão idealista e – quando levado às últimas consequências – induz à apologia do existente, na qual a categoria simples figura como elemento fundamental, o que Marx demonstra de forma contundente, logo depois do trecho recém-citado, com referência à teoria burguesa da crise. Eu gostaria de observar apenas de passagem que as tantas vezes mencionadas

---

[108] Ibidem, p. 54-5.
[109] Ibidem, p. 54.

"contradições" entre o primeiro e o terceiro volumes de O *capital* – que a economia burguesa é incapaz de compreender que as determinações modificadoras, mais concretas, do terceiro volume já *tinham de ser* do conhecimento de Marx antes da redação do primeiro volume – <64> derivam de uma postura metodológica similar. Portanto, reveste-se de grande importância para a compreensão da dialética materialista ter clareza sobre esse aspecto do método marxiano. É preciso ter claro que as assim chamadas categorias simples não são elementos supra-históricos do sistema, mas produtos do desenvolvimento histórico *tanto quanto* as totalidades concretas, às quais elas pertencem; que, por essa razão, as categorias simples são compreendidas corretamente a partir das superiores, mais complexas, mais concretas, isto é, que a compreensão da totalidade concreta à qual pertencem as categorias simples é que possibilita o conhecimento das categorias simples, e não o inverso, ainda que – como já foi explicitado – a exposição muitas vezes tenha de encetar um caminho contrário.

Isso responde à pergunta de Rudas de por que designo justamente a interação de sujeito e objeto, a unidade de teoria e práxis e a modificação das categorias como efeito da modificação da matéria (substrato das categorias) como as categorias dialéticas decisivas, e não a reversão de quantidade em qualidade etc., sobre cuja razão ele não ousa "sequer fazer suposições" (*AL*, v. 9, p. 503). Camarada Rudas, é porque nessas categorias ganha expressão, mentalmente, o específico e novo do estágio de desenvolvimento social, no qual o proletariado passa a atuar como classe autônoma e empreende a reconfiguração da sociedade. Entraria em contradição com a essência do materialismo histórico se não concebêssemos o aparecimento do método dialético igualmente como parte do processo histórico real e víssemos tanto a dialética idealista de Hegel quanto sua inversão, o "pô-la com os pés no chão" levado a cabo por Marx, apenas um desenvolvimento científico. Temos de visualizar, muito antes, os fatores históricos reais, econômicos e de classe que possibilitaram e produziram esse desenvolvimento intelectual. Assim, fica claro como, por um lado, as categorias que, no próprio Hegel, constituem, na parte mais abstrata e idealista de sua *Lógica* ("a lógica do conceito")[110], o ponto alto do sistema convertem-se em fatores reais, concretos e práticos da luta de classes do proletariado e, por outro,

---

[110] G. W. F. Hegel, "Wissenschaft der Logik. 2. Theil. Die subjektive Logik. 2. Abtheilung. Die Lehre vom Begriff" [Ciência da lógica. Parte 2: A lógica subjetiva. Seção 2: A teoria do conceito], em *Georg Wilhelm Friedrich Hegels Werke*, v. 4 (2. ed., Berlim, Duncker und Humblot, 1841).

as categorias "simples", cuja determinação e cognoscibilidade, nos dois casos, dependem das categorias "mais elevadas", em Marx igualmente perdem seu caráter idealista, são postas com os pés no chão e aparecem como abstrações produzidas pelo processo do desenvolvimento histórico. Qualquer categoria "simples" que se toma em Marx só pode ser corretamente compreendida [65] a partir desse contexto. Porém, quando alguém exclui do sistema as categorias "decisivas" anteriormente mencionadas – todos os oportunistas fazem isso –, as categorias "simples" serão antes eternizadas na forma da imediatidade burguesa e, por essa via, perderão aos poucos toda função dialética, fazendo com que tal economia "marxista" se transforme inopinadamente numa economia burguesa vulgar (Kautsky, Hilferding etc.). Porém, até um pesquisador burguês consegue aplicar categorias "dialéticas" tiradas do contexto; não se vê nenhuma razão pela qual ele não poderia, por exemplo, operar em parte com a passagem da quantidade para a qualidade. A categoria só se torna de fato dialética, no entanto, *no contexto dialético global*, que só é produzido – mentalmente – pelas mediações dialéticas das categorias "simples" para as "superiores" concretas. É mais precisamente nesse contexto porque só ele oferece a *reprodução mental real e correta do processo histórico real*. Portanto, é o ser social do homem que determina sua consciência.

3. Uma vez mais: metabolismo com a natureza

Inclusive sua consciência da natureza. Seria não só estreito e rígido, mas ao mesmo tempo dualista, o entendimento que não partisse do metabolismo entre sociedade e natureza na consideração de nossa relação real com a natureza, com o fundamento material de nosso conhecimento da natureza, o entendimento que não considerasse esse metabolismo com a natureza em sua *dupla determinidade*, tanto como interação com a natureza – que existe independentemente do ser humano – quanto simultaneamente como determinado pela respectiva estrutura econômica da sociedade. Repito: quando se fala da astronomia dos egípcios ou da física de Aristóteles, todo marxista dotado de instinto certeiro assumirá esse ponto de vista. Mas não cabe à moderna ciência da natureza um lugar especial? Não vale mais para ela essa dupla determinidade dialética?

Todavia, se respondermos a essas perguntas negativamente, teremos de fazê-lo de *modo dialético*. Isso quer dizer que devemos ter clareza de que à moderna ciência da natureza de fato cabe um lugar especial na história do conhecimento humano da natureza, que de modo nenhum é viável, e até constituiria um relativismo absolutamente falso, tratá-la de forma mecanicista assim como se tratam os conhecimentos da natureza de épocas <66> passadas. (É nesse ponto que reside o erro, por exemplo, de Duhau.)[111] Contudo, a sociedade capitalista, cujo metabolismo com a natureza constitui o fundamento material da moderna ciência da natureza, não ocupa também um lugar especial no processo de desenvolvimento da sociedade? Seu lugar como última sociedade de classes seria determinado apenas quantitativamente, apenas posicionalmente, como "última" em comparação com sociedades de classes anteriores? Com certeza, não. Nesse ponto, a quantidade de fato se converte em qualidade: a mais evoluída das sociedades de classes produz as precondições materiais, econômicas e sociais do socialismo, prepara o fim da pré-história da humanidade. A sociedade socialista é, por exemplo, a herdeira de todas as tremendas conquistas levadas a cabo pelo capitalismo na área da técnica. Esse herdar se diferencia essencialmente do modo como ele próprio a seu tempo tomou posse do legado da Idade Média, pois os elementos da técnica que o capitalismo incipiente assumiu do feudalismo em desagregação de modo nenhum constituíam entre si uma unidade tão coesa quanto a técnica de nossa época; eles só se tornariam de fato coesos entre si mediante sua acolhida na produção capitalista, ao passo que o socialismo, caso queira em um estágio superior (por exemplo, na transformação da divisão capitalista do trabalho) não só continuar desenvolvendo a técnica assumida, mas também transformá-la internamente, será obrigado a operar antes e talvez por um longo período de transição com as conquistas técnicas assumidas (e, claro, já mais desenvolvidas) do capitalismo. É no desenvolvimento do capitalismo que entram em cena pela primeira vez as reais determinações econômicas que possibilitam a compreensão da estrutura econômica da sociedade e das verdadeiras forças motrizes de sua história (inclusive das épocas pré-capitalistas). Os elementos do conhecimento, as categorias "simples" da economia, que possibilitam o conhecimento científico da sociedade e da história, são, enquanto "formas do ser, determinações de existência", em parte produtos do desenvolvimento capitalista (por excelência, o trabalho), em parte só no capitalismo adquirem no todo da economia a função pela qual podem ser compreendidos como elementos do sistema global (dinheiro). A sociedade capitalista não é, portanto, apenas determinada fase histórica do desenvolvimento da humanidade, mas aquela fase histórica em que

---

[111] Talvez seja referência a Duhem. Ver, neste volume, a "Nota do editor húngaro".

as forças motrizes desse desenvolvimento aparecem com a clareza necessária à correta cognoscibilidade – claro que só no momento em que aparece com a mesma clareza sua autocrítica, a qual se consuma <67> na teoria e na práxis do proletariado (*Zur Kritik der politischen Ökonomie*, p. xlii-xliii)[112].

Esse desenvolvimento das relações de produção que pressupõe um desenvolvimento correspondente das forças produtivas deve andar de mãos dadas com um desenvolvimento correspondente do metabolismo entre sociedade e natureza. Pois o desenvolvimento capitalista produz as precondições materiais do socialismo (técnica, máquina etc.; Lenin sobre a eletrificação). O domínio, em escala cada vez maior, sobre as forças da natureza chega a uma intensidade e sistemática tais que seriam impensáveis em sociedades mais antigas; os conhecimentos sobre a natureza evoluem em interação ininterrupta com esse processo: eles se originam no chão desse ser social, sendo produto dele, constituindo, porém, ao mesmo tempo, um dos veículos mais eficazes de promoção desse processo. (Dado que posso contar com pouca compreensão para uma conexão dialética por parte dos camaradas Rudas e Deborin, acentuo uma vez mais o seguinte: o fato de as modernas ciências naturais serem produto do desenvolvimento capitalista não significa que constituam algo "subjetivo". Em primeiro lugar, porque a própria sociedade capitalista é algo "objetivo" e, em segundo lugar, porque ela possibilita um saber adequado, objetivo e sistemático – de um modo até agora inimaginável – sobre a natureza; esse saber sobre a natureza, que deve ser o mais adequado, objetivo e sistemático possível, inclusive é condição vital para o capitalismo em medida muito maior, num campo bem mais vasto etc. do que foi para formas anteriores da sociedade; portanto, o capitalismo não só possibilita esse saber, mas o possibilita por ter necessidade dele.) O fato, pois, de que a moderna ciência da natureza é produto da sociedade capitalista não a priva em nada de sua objetividade; além disso, só uma análise detida e concreta das relações entre essa ciência e sua base material, entre essa ciência e o metabolismo entre a sociedade capitalista e a natureza, foi capaz de mostrar por que tinham de ser liquidados os modos de conhecimento impregnados de formas mitológicas das sociedades anteriores, por que uma ciência da natureza objetiva qualitativamente superior só pôde surgir sobre o chão do capitalismo.

Nesse ponto, porém, emergem de imediato duas perguntas – estreitamente ligadas entre si e com esta controvérsia. Primeira: essa determinação do

---

[112] Ed. bras.: Karl Marx, *Contribuição à crítica da economia política*, cit., p. 261-5.

conhecimento moderno da natureza pelo ser social do capitalismo consiste apenas no fato de que aquele foi produzido por este, mas de resto (quanto a sua estruturação, suas categorias, seu método etc.) é totalmente independente desse ser social? Segunda: a objetividade <68> de um conhecimento significa sempre, sob todas as circunstâncias, que ele tem de ser também dialético? Já respondemos à primeira pergunta. Responder afirmativamente a ela equivaleria a – contrariando Marx – aceitar uma relação social não mediada com a natureza, aceitar que o cientista da natureza, na medida em que pratica a pura ciência da natureza, está situado fora da sociedade, que as categorias do desenvolvimento social (formas do ser, determinações de existência!) não têm influência sobre o processo de conhecimento que se passa dentro de sua cabeça. Desse modo, porém, incorreríamos num modo de investigação não dialético, primitiva e mecanicamente causal, com o qual a ciência burguesa costuma criticar o materialismo histórico, acusando-o de conhecer a "economia" como "esfera" específica que determinaria as demais "esferas" (direito, arte etc.) de modo imediatamente causal, para então rejeitar com indignação esse nexo causal – inventado por ela própria. Contudo, se divisarmos na economia, a exemplo de Marx, a "anatomia da sociedade burguesa", teremos de dizer o seguinte: não há exteriorização de vida no interior da sociedade burguesa que pudesse existir sem estar em relação com essa anatomia e que, portanto, fosse conhecida independentemente dela, que não pudesse nem devesse ser explicada através dessa anatomia tanto no que se refere ao sujeito (categorias como formas do ser do sujeito em *todas* as exteriorizações de vida) quanto no que se refere ao objeto (condicionalidade social do metabolismo entre sociedade e natureza).

Nesse ponto, contudo, contrapõe-se à concretização do problema um obstáculo histórico objetivo, que, no entanto, é apropriado para lançar mais luz sobre o aspecto metodológico da questão. Já chamamos atenção para a declaração de Marx, segundo a qual o conhecimento histórico depende da autocrítica de uma sociedade, da noção que ela tem do fundamento material de sua existência e dos conhecimentos que brotam desse chão. Ora, quanto a esse aspecto, a transição das formas pré-capitalistas de sociedade para o capitalismo se diferencia bastante da transição do capitalismo para o socialismo. Na primeira, a passagem consistiu de modo imediato e preponderante numa transformação do metabolismo entre sociedade e natureza, tanto que, em muitos de seus aspectos, a transição se tornou consciente na forma da transformação dos conhecimentos sobre a natureza antes de ser consciente na sociedade. (A luta em torno da astronomia copernicana, sem dúvida, é ao mesmo tempo a forma ideológica de uma luta de classes.) Em contraposição, na transição do capitalismo para o <69> socialismo, o metabolismo entre sociedade e natureza parece não sofrer alteração num primeiro momento, dando inclusive a impressão de que a linha de desenvolvimento seguida até o presente momento experimentasse uma intensificação. Somente o segundo estágio do comunismo (transformação da divisão capitalista do trabalho, superação da diferença entre trabalho intelectual e trabalho braçal, mudança da relação entre cidade e campo) propiciará uma perspectiva de transformação também nessa área. A transição, no entanto, aqui como em toda parte, é fluida; só pode tratar-se da predominância de um momento, mas não da exclusão do outro; é perfeitamente possível que a crise atual das ciências naturais já seja um sinal de que está começando a transformação dessa sua base material, e não só um reflexo da crise ideológica geral do capitalismo em dissolução.

Contudo, enquanto não estivermos em condições de explicitar concretamente em termos genético-históricos o surgimento de nossos conhecimentos a partir de sua base material, ou seja, explicitar não só que há algo, mas também o que, como etc., como fez Marx pelos conhecimentos histórico-sociais, faltará a nosso modo de consideração um fator *objetivo* importante da dialética: a história. Uma vez mais, nem me ocorre negar que as ciências naturais contêm elementos de consideração histórica, que nelas há rudimentos da "ciência unitária da história" exigida por Marx (Kant-Laplace, Darwin etc.). O conhecimento social pré-marxista também continha elementos históricos (Steuart, Hegel, historiadores franceses etc.). Porém, o conhecimento histórico-dialético real só surgiu com Marx, apenas mediante o conhecimento dialético da época presente como fator do processo global. Mas é claro que ninguém afirmaria que esses elementos históricos ocupam o centro das problemáticas das modernas ciências naturais ou que justamente as ciências naturais mais desenvolvidas e metodologicamente exemplares para as demais almejam conscientemente tais problemáticas. No que se refere a essa problemática, seria necessário, por um lado, ter clareza sobre as épocas ou os períodos para os quais valem determinados conhecimentos, porque estes formulam intelectualmente suas relações específicas, históricas, objetivamente reais; por outro, compreender dialeticamente o surgimento necessário dos conhecimentos a partir do próprio processo histórico objetivamente real. (A favor dos conhecimentos econômicos fala com clareza a primeira exigência de Engels em sua carta <70> a F. A. Lange – *Neue Zeit*, v. 28,

n. 1, p. 185.) Em que medida todos os conhecimentos sobre a natureza poderão algum dia ser convertidos em conhecimentos históricos, isto é, se existem fatos não materiais na natureza cuja estrutura jamais muda, ou muda somente em intervalos de tempo que não entram em cogitação para o conhecimento humano como mudanças, não pode ser levantado aqui por nós, porque, mesmo onde temos a impressão de que desenvolvimentos históricos estão dados, justamente seu caráter histórico foi pouco compreendido. Isso quer dizer que estamos a ponto de saber que a história da humanidade *deve ter* sido precedida por um desenvolvimento histórico *objetivo* que abrange um intervalo infinito de tempo, mas os reais elos de mediação entre esse desenvolvimento e nossa história nos são em parte pouco e em parte nem um pouco conhecidos. E isso não só por causa do material ainda insuficiente de que dispomos atualmente ou por causa de nossos métodos de investigação por enquanto ainda pouco desenvolvidos (muitas ciências naturais estão bem acima das ciências da história no que se refere à exatidão), mas porque até agora o desenvolvimento objetivamente real ainda não produziu a capacidade de desvendar os fundamentos materiais do próprio conhecimento e de derivar dialeticamente o conhecimento desses fundamentos materiais. Os bons cientistas da natureza assumem uma posição bastante dogmaticamente isenta em relação à natureza, como, por exemplo, Ricardo em relação à sociedade capitalista. (Os ruins foram corroídos pelo ceticismo e só entram em cogitação aqui como sintomas de uma crise.) Isso de modo nenhum os impede – como bem mostra o exemplo de Ricardo – de obter conhecimentos objetivamente corretos; Ricardo também os teve em algumas áreas. Mas isso torna impossível evidenciar como contradições dialéticas aquelas que surgem no material concreto, enquadrar no contexto global ao mesmo tempo teórica e historicamente os fatores individuais como fatores de um processo histórico unitário, como já foi mostrado. Tal historicização das ciências naturais, essa noção crescente de sua origem (como, por exemplo, o conhecimento de seu caráter geocêntrico), não a tornaria "relativista", do mesmo modo que a ciência da sociedade não se tornou "relativista" em consequência da noção marxista da gênese real de seu próprio conhecimento. Pelo contrário.

<71> 4. Para nós e para si

E assim chegamos ao ponto decisivo de minhas objeções contra alguns enunciados de Friedrich Engels. (Mais uma vez, nem me passa pela cabeça tratar da demagogia desonesta de Deborin e Rudas ao me imputarem a intenção de jogar Marx contra Engels *de maneira geral*. Simplesmente penso aquilo que eu disse e o digo de forma tão decidida que ninguém pode me acusar de "diplomacia" nesse ponto.) Trata-se da conhecida passagem sobre a "coisa em si" no *Feuerbach* (p. 16)[113]. O camarada Rudas me acusa de "exatidão pedante, filológica, professoral" (*AL*, v. 9, p. 509) porque à oposição de em si e para nós em Engels contraponho a afirmação de que esses dois conceitos não são antagônicos, mas correlatos, e que dialeticamente o oposto de em si é para si (*G.u.K.*, p. 145-7)[114]. No entanto, Rudas logo se corrige: elaborar esse antagonismo não seria apenas pedantismo de minha parte, mas a manifestação cabal de meu hegelianismo ortodoxo. Pobre Hegel! Nas costas dele cai tudo o que o "marxismo" deturpado por oportunismo, o neokantismo reprimido de Rudas, não entendeu; ora ele fomenta um dualismo entre natureza e história, ora ele quer que a alizarina alcance o estado "para si" e reconheça a si mesma como objeto. Aplica-se aqui o mesmo que Marx disse a respeito de Dietzgen (que, de resto, não merece essa equiparação com Rudas): é uma pena para o camarada Rudas "que ele não tenha estudado justo Hegel"[115]. Nem para Hegel nem para os "hegelianos ortodoxos" trata-se de a alizarina reconhecer a si mesma como objeto, alcançar o estado "para si"; muito antes, precisamente a diferença de nossos conhecimentos sobre natureza e história (que, como vimos, é sublinhada com força justamente por Deborin) deve-se ao fato de que, nesse ponto, o objeto, a própria matéria, impele na direção do ser para si (e, por essa razão, possibilita um conhecimento na forma do para si), ao passo que o conhecimento sobre a natureza se dá na forma do correlato "em si – para nós". A limitação de Hegel, que, apesar de seu em parte grandioso realismo, acabou empurrando-o para um idealismo mitificador, é justamente o fato de que ele não foi capaz de mostrar esse para si, esse objeto que conhece a si mesmo, em sua concretude material, <72> em seu devir [*Werden*] e seu tornado [*Gewordensein*] históricos, precisamente porque na época ele ainda não existia na realidade, precisamente porque o ser social dos seres humanos determina sua consciência. Não há como entrar em detalhes aqui sobre o problema da estrutura do sistema de Hegel; foi preciso apenas, por um lado, transferir para

---

[113] Friedrich Engels, *Feuerbach und der Ausgang der klassischen deutschen Philosophie*, cit.

[114] György Lukács, *História e consciência de classe*, cit., p. 277-80.

[115] Carta de Marx a Engels, de 7 de novembro de 1868; ver György Lukács, *História e consciência de classe*, cit., p. 55.

a conta do camarada Rudas a asneira fantasiosa que ele atribui a Hegel e, por outro, apontar para o fato de que a [relação] entre o "em si – para nós" e o "para si" coloca em evidência tanto as mediações reais quanto as ideais, bem como indicar que o "para nós" significa algo diferente quando não está inserido num [sistema] que carece dessas mediações. Remeto ao que já foi dito sobre a relação entre categorias simples e superiores e retorno à passagem de Engels.

Engels diz: "A refutação mais flagrante dessa mania, como de todas as extravagâncias filosóficas, é a práxis, isto é, o experimento e a indústria". Através do experimento e da indústria, a coisa em si é convertida em coisa para nós. Isto, sem dúvida, está correto e jamais foi questionado por mim. A única coisa que discuto é se, desse modo, as extravagâncias filosóficas de fato foram refutadas. Sem me aprofundar muito na questão do quanto Engels entende Kant mal nesse ponto, devo, não obstante, adiantar algumas observações sobre isso. Não basta dizer que a filosofia de Kant é agnóstica por inteiro; deve-se perguntar, em primeiro lugar, onde e em que medida ela é agnóstica e, em segundo lugar (e exatamente esta questão está numa relação bem estreita com a nossa), em que medida o agnosticismo de Kant foi refutado pelos argumentos de Engels. Caso em Kant se tratasse da incognoscibilidade pura e simples do mundo exterior ou do caráter de aparência subjetivo do conhecimento (como no caso dos sofistas gregos do tipo de Górgias ou no caso de idealistas subjetivos como Berkeley), essa refutação de fato seria contundente. Mas esse não é o caso de Kant, como já foi reconhecido por Franz Mehring, que discorre sobre essas passagens:

> Temos de mencioná-lo, até porque Engels de fato cometeu uma injustiça contra ele ao tentar desqualificar a teoria do conhecimento kantiana como "extravagância filosófica". Kant chega a dizer que não vemos as coisas como elas são, mas as vemos como aparecem a nossos sentidos; porém, nem por isso ele viu o mundo fenomênico como mera aparência, mas como um mundo da experiência prática, de modo que ele próprio teria assinado a sentença com que Engels procura refutá-lo, a saber, que o pudim é testado no ato de comê-lo. (*Neue Zeit*, v. 28, n. 1, p. 176; formulações similares se encontram em várias passagens de meu <73> livro, como, por exemplo, na p. 219[116])

O camarada Rudas também sente a debilidade de sua posição ao admitir "que Kant afirmou a cognoscibilidade completa do mundo dos fenômenos. Mas justo por esse motivo Kant foi *semi*materialista" (*AL*, v. 9, p. 510). Em relação a isso,

---

[116] György Lukács, *História e consciência de classe*, cit., p. 400-1.

é preciso fazer duas observações. Em primeiro lugar, que para Kant "fenômeno" significa algo *objetivo*, não a aparência de algo (ver, por exemplo, *Prolegomena*, parte I, nota 3, a polêmica contra Berkeley)[117]. Nesse aspecto ele é um precursor – ainda que bastante imperfeito – de Hegel, imperfeito porque não é capaz de compreender dialeticamente a contradição que reside na objetividade do "fenômeno", algo que foi elaborado com clareza pela primeira vez por Hegel (na "lógica da essência"). Em segundo lugar, que esse "semimaterialismo" de Kant, ou seja, a limitação do conhecimento humano aos "fenômenos", a incognoscibilidade da coisa em si, também foi compartilhado pelos materialistas do século XVIII. Reporto-me a uma testemunha bem pouco suspeita de idealismo, como Plekhanov. Este cita Holbach: "Não é dado ao ser humano saber tudo; não lhe é dado penetrar na essência das coisas nem ascender até os primeiros princípios" (*Beiträge zur Geschichte des Materialismus*, p. 9)[118]. E diz, numa passagem polêmica contra Lange, que vislumbrou um precursor de Kant em Robinet pelo fato de este ter afirmado a incognoscibilidade da coisa em si: "Porém, Robinet diz sobre a coisa em si somente aquilo que já foi dito por Holbach e Helvécio" (ibidem, p. 72) etc. Obviamente, em todos esses posicionamentos está contida uma contradição; obviamente, todos esses pensadores, caso almejem superar essa limitação, são obrigados a abandonar o ponto de vista materialista ou semimaterialista de sua filosofia e incorrer no idealismo ou no agnosticismo (ou em ambos, como Kant).

O ponto culminante é, consequentemente, por um lado, a pergunta de até que ponto o mundo dos "fenômenos" é objetivo e até que ponto ele é meramente subjetivo; por outro, o questionamento do que significa a incognoscibilidade da coisa em si para a objetividade do conhecimento. Já apontamos para o fato de que Kant rejeita o subjetivismo consequente de Berkeley, chegando a chamá-lo de "escândalo da razão"; ao mesmo tempo, indicamos que, dessa maneira, ele acaba numa posição filosófica contraditória. Por um lado, precisa conceber as formas do "mundo fenomênico" como subjetivas, como produzidas pelo

---

[117] Immanuel Kant, *Prolegomena zu einer jeden künftigen Metaphysik die als Wissenschaft wird auftreten können* (Riga, Johann Friedrich Hartknoch, 1783). Ed. bras.: *Prolegômenos a qualquer metafísica futura que possa apresentar-se como ciência* (trad. José Oscar de Almeida Marques, São Paulo, Estação Liberdade, 2014).

[118] Georgi Plekhanov, *Beiträge zur Geschichte des Materialismus. Holbach, Helvetius, Marx* (Stuttgart, J. H. W. Dietz, 1896). Ed. port.: *Ensaios sobre a história do materialismo* (trad. Ana de Paiva, Lisboa, Estampa, 1973).

sujeito do conhecimento, que em Kant, todavia, não é o sujeito cognoscente individual. Por outro lado, porém, o conteúdo, a matéria desse conhecimento, aquilo que Kant chama de sensibilidade, é totalmente <74> independente do sujeito; essa matéria é causada pela "afecção" do sujeito pela coisa em si. O conhecimento, portanto, só é possível como consequência dessa afecção pela coisa em si (como se sabe, Kant nega a possibilidade de um conhecimento cuja matéria não seja a sensibilidade), mas esta está totalmente fora do alcance do conhecimento humano; ela é transcendente. (Plekhanov já chamou atenção para essa contradição: *Neue Zeit*, v. 17, n. 1, p. 135 ss.) Essa contradição não é superada de modo imediato, não é superada diretamente pela ampliação concreta de nossos conhecimentos concretos. Pois vimos que Kant também opera com um correlato – todavia, rígido e não dialético – de em si e para nós (sendo que a parcela do em si no surgimento e na objetividade do para nós cai nas mãos de uma mitologia contraditória) e que, sem dúvida, ele não veria na alizarina de Engels nada de fundamentalmente novo em comparação com a astronomia newtoniana ou com suas próprias teorias astronômicas. Nesse caso, a partir de seu ponto de vista, todo o campo dos conhecimentos concretos, que pode ser ampliado ao infinito, constitui um mundo de objetividade, que meramente carrega a mácula da subjetividade em relação à coisa em si – que está em sua base –, que não leva em consideração o conhecimento concreto e sua ampliação concreta e que, portanto, situa-se *fora* do conhecimento. Os sucessores de Kant que querem converter a coisa em si em mero conceito limite da teoria do conhecimento procedem, portanto, de modo coerente em relação à análise dos conhecimentos concretos. Eles, porém, falsificam Kant na medida em que simplesmente eliminam *seu problema*, pois nem chegam a levantar a questão da realidade objetiva, *independente de nós*; assim, eles se tornam agnósticos dogmáticos. Porém, é bastante possível, no sentido filosófico, ser agnóstico em relação à realidade sem fazer valer de nenhuma maneira esse agnosticismo no comportamento prático diante do mundo exterior, nas investigações e nos posicionamentos científicos individuais. Engels igualmente reconheceu de modo claro esse contraste. "Porém, uma vez que nosso agnóstico" – diz ele – "fez essas ressalvas formais, ele passa a falar e a agir totalmente como o materialista calejado que ele, no fundo, é" (*Neue Zeit*, v. 11, n. 1, p. 19).

Aqui o próprio Engels parece admitir que o agnóstico consegue produzir alegremente a alizarina e, não obstante, permanecer agnóstico – no plano teórico, filosófico. Ele teria de ser refutado *filosoficamente*, portanto. Engels aponta

112 | Reboquismo e dialética

para a refutação filosófica das contradições de Kant por parte de Hegel: "Se conhecerdes todas as propriedades de uma coisa, conhecereis <75> a própria coisa; nesse caso, nada resta além do fato de que a referida coisa existe fora de nós..." (idem). Em Hegel, essa refutação filosófica é parte de sua dialética da essência, da grandiosa exposição da objetividade do fenômeno (ver, sobre a relação entre coisa em si e essência, *Werke*, 2. ed., v. 4, p. 121)[119]. É óbvio que não podemos repetir aqui, nem mesmo resumidamente, as exposições de Hegel. Temos de restringir-nos a um fator essencial. O pressuposto dessa refutação filosófica e da dissolução das antinomias da coisa em si é que a relação "sujeito-objeto" não é apreendida de modo metafisicamente rígido (como em Kant), mas por suas inter-relações dialéticas. A relativação dialética de ser e devir, na qual desemboca a argumentação de Hegel, pressupõe metodologicamente a relativação dialética de sujeito <76> e substância (*Fenomenologia do espírito*). *Nisso* se apoia o ponto central da crítica de Hegel à coisa em si. Hegel rejeita acima de tudo a representação de que as propriedades da coisa seriam algo meramente subjetivo.

> Uma coisa possui *propriedades*; estas são *primeiramente* suas relações determinadas com *outra coisa*; a propriedade só existe como modo de comportamento recíproco; ela é, por conseguinte, o reflexo exterior e o aspecto do ser posto da coisa. *Em segundo lugar*, porém, nesse seu ser posto, a coisa é *em si*; ela se conserva na relação com outra coisa; em todo caso, é só na superfície que a existência se abandona ao devir do ser e à mudança; ela não perde sua propriedade ao fazer isso. Uma coisa possui a propriedade de causar isso ou aquilo na outra coisa e de se expressar de maneira bem própria em sua relação. Ela comprova ter essa propriedade somente sob a condição de uma constituição correspondente da outra coisa, mas ela ao mesmo tempo lhe é *bem própria* e constitui a base idêntica a si mesma – por essa razão, essa qualidade refletida se chama *propriedade*. (Ibidem, p. 125)

Desse modo, o problema kantiano é totalmente invertido: precisamente a coisa em si (em sua versão kantiana) aparece como fator subjetivo, como produto da reflexão abstrata; a coisa em si "como tal não é senão a abstração esvaziada de toda determinidade, sobre a qual, em todo caso, *nada* se pode *saber*, justamente porque se pretende que seja a abstração de toda determinação"

---

[119] G. W. F. Hegel, "Wissenschaft der Logik. 1. Theil. Die objektive Logik. 2. Abtheilung. Die Lehre vom Wesen" [Ciência da lógica. Parte 1: A lógica objetiva. Seção 2: A teoria da essência], em *Georg Wilhelm Friedrich Hegels Werke*, v. 5 (2. ed., Berlim, Duncker und Humblot, 1841).

Reboquismo e dialética | 113

(ibidem, p. 127). Essa inter-relação dialética é um fator do devir. Apenas quando o devir é compreendido como o fator concreto preponderante, é possível dissolver dialeticamente a rigidez da confrontação entre sujeito e objeto; é por isso que, na primeira passagem citada, Hegel aponta para o fato de que aqui "a existência se abandona ao devir do ser e à mudança". Nem Kant nem seus contemporâneos foram capazes de reconhecer isso. Plekhanov aponta com razão para o fato de que o devir é o ponto em que os materialistas do século XVIII "foram confrontados com o problema da coisa em si, insolúvel para eles". Pode-se ver isso de forma nítida na passagem citada. Contudo, Plekhanov mostra com muita clareza como essa limitação da *teoria do conhecimento* do materialismo está estreitamente ligada com a limitação de sua *concepção de história* (teoria da catástrofe de Holbach; ibidem, p. 51) e com a limitação de sua *concepção de sociedade* (dilema da causação entre "opinião pública" – quer dizer, o fator subjetivo – e ambiente social – quer dizer, o fator objetivo; ibidem, p. 58). Hegel refuta Kant, não só trazendo à tona o aspecto contraditório de seu entendimento, <77> mas também comprovando – geneticamente – que esse entendimento constitui uma estrutura do conhecimento que necessariamente surgiria em determinado estágio da apreensão humana do mundo. Só depois de feita essa comprovação da dialética da coisa em si – que permaneceu desconhecida e inconsciente para Kant – foram resolvidas as contradições que para Kant necessariamente se afiguraram como antinomias fundamentalmente insolúveis. Porém, essa refutação dialético-genética de Kant por Hegel permanece puramente lógica no próprio Hegel. Ou seja, ele demonstra que o entendimento kantiano da realidade constitui uma das posturas típicas, possíveis e necessárias diante da realidade. Porém – apesar de muitas indicações corretas –, não existe uma gênese *concreta* dessa filosofia, não existe uma gênese *histórica*. O primeiro capaz disso é o materialismo histórico, a dialética posta sobre seus próprios pés. Ele é o único capaz de *concretizar historicamente* o que há de correto nas exposições de Hegel, de provar que a concepção de realidade de Kant não é só uma postura possível e típica diante da objetividade, mas a consequência concreta de uma situação de classe concreta.

Assim, os agnósticos não são refutados pelo experimento nem pela indústria, mas pela aclaração da dialética que reside no "fenômeno". Essa aclaração constitui um produto da transformação do ser social, à qual tanto o experimento quanto a indústria devem sua existência, que se torna consciente na consciência de classe do proletariado – igualmente um produto desse desenvolvimento – na forma do para si. Portanto, não se pretende tornar a alizarina consciente de si mesma, como o camarada Rudas parece pensar, mas, na medida em que o proletariado se torna consciente de si mesmo, a relação entre "em si" e "para nós" – mediada pelas categorias que conferem à consciência do proletariado a amplitude de uma consciência dialética abrangente da totalidade da sociedade na relação desta com seu fundamento natural – adquire seu lugar metodológico correto, perdendo o caráter agnóstico que tivera tanto em Kant quantos nos velhos materialistas.

Pretende-se, portanto, que experimento e indústria refutem as extravagâncias filosóficas do agnosticismo mediante a transformação do em si em para nós. Supondo que façam isso, para quem o fazem? Seria preciso dizer, de modo consequente: em primeiro lugar, para o próprio experimentador (a fim de, por ora, nem falar da indústria); quem produz pessoalmente a alizarina deveria estar imune a todas as extravagâncias filosóficas do agnosticismo. Porém, como se sabe, isso não confere com a realidade. <78> Visto que, para Friedrich Engels o problema da coisa em si fora resolvido e liquidado pelo materialismo histórico, *para ele* o experimento pôde representar *também* um exemplo do entendimento dialético da realidade, mas não podia sê-lo sem mais nem menos para o experimentador – caso este não seja casualmente um adepto do materialismo histórico. Porque o experimento em que a coisa em si se converte em coisa para nós só é dialético em si; para revelar seu *caráter dialético para nós*, é preciso que um elemento novo seja acrescido: justamente o materialismo histórico. Se não acontecer isso, não importa a quantidade nem o brilhantismo dos experimentos realizados, o pesquisador da natureza, não obstante, poderá sustentar a incognoscibilidade da coisa em si ou ser machista ou até schopenhaueriano. Lenin identificou com muita clareza essa conjunção: "Quando se trata de filosofia, *não se pode acreditar em uma palavra sequer de nenhum desses professores* capacitados a realizar os trabalhos mais valiosos nos campos específicos da química, da física, da história" (por infelizmente não ter acesso ao *Empiriocriticismo*[120] de Lenin, cito de Deborin, *Lenin, der kämpfende Materialist* [Lenin, o materialista

---

[120] Cf. Vladimir I. Lenin, "Empiriokritizismus und historischer Materialismus" [Empiriocriticismo e materialismo histórico], em *Werke*, v. 14 (Berlim, Dietz, 1975), p. 317-61.

militante], p. 27-8)[121]. Por quê? Porque o experimentador até consegue obter o conhecimento correto de um contexto parcial objetivo da realidade, mas – como simples experimentador – nem de longe está em condições de enunciar de modo realmente dialético algo sobre a realidade do "mundo fenomênico", cujas partes ele pesquisa corretamente. Caracterizei essa limitação que reside na essência do próprio experimento nos seguintes termos: "No sentido filosófico-dialético", o experimento não é uma práxis, mas, muito antes, um comportamento contemplativo e, assim, *enquanto permanecer meramente contemplativo*, não conseguirá superar essas limitações.

<79> Esse confinamento dentro das limitações da imediatidade e de suas formas de pensamento é intensificado quando o experimento é usado como categoria do conhecimento da sociedade e da história. É compreensível, pois, por um lado, perde-se a precisão metodológica que o experimento tinha nas ciências naturais (isolamento rigoroso dos objetos a ser investigados, exclusão de fatores perturbadores, repetição nas "mesmas" condições etc.); por outro, aparece com clareza muito maior o caráter meramente contemplativo associado a uma mentalidade social que permanece inconsciente. É sabido que, na terminologia dos burocratas do trade-unionismo, a Revolução Russa com frequência figura como "experimento". Dada a predileção de Deborin pela terminologia "exata", nada mais óbvio que ele assuma esses termos e veja a razão de sua aplicação justo na falta das precondições metodológicas para o experimento. Ele diz:

> Sob determinadas condições, a sociedade pode tornar-se objeto do experimento. A natureza se atravessa em nosso caminho como algo estranho. Nesse plano, os experimentos só são possíveis dentro de limites muito estreitos. Na vida social, as relações são um pouco diferentes. Nela, nós mesmos, os seres humanos, somos, em primeira linha, trabalhadores e criadores. Pois a história é feita pelos seres humanos, ao passo que a natureza não é feita por eles. Lenin é o grande e genial experimentador. Ele submeteu cada caso teórico a um exame prático. (*Lenin, der kämpfende Materialist*, p. 10)

Nesse ponto, ingressa em nossa literatura – sob a máscara do entusiasmo por Lenin – a ideologia dos burocratas ossificados trade-unionistas que não ousam rejeitar abertamente a Revolução Russa. Pois estes sempre conceberam – a

---

[121] Cf. A. M. Deborin, *Lenin, der kämpfende Materialist* (Viena, Verlag für Literatur und Politik, 1924).

seu ver, de modo coerente – a Revolução Russa como "experimento". Óbvio. Isso os dispensa de toda ação. É preciso "aguardar" para ver se o experimento será bem-sucedido. Se ele "malograr", recompõe-se o estado anterior: uma das cobaias morreu apesar de ter recebido a injeção de antitoxina; se necessário, procura-se outra cobaia para "observar" (mas só observar) que efeitos a antitoxina social tem sobre ela. O que Marx acentua de modo especialmente enfático em sua crítica ao materialismo contemplativo de Feuerbach <80> são as limitações do comportamento contemplativo na moderna ciência da natureza – sem pressupor as [...] geniais do método que Deborin busca junto à sociologia burguesa. <81> Não posso abordar aqui todos os momentos dessa crítica. Limito-me a citar o oitavo aforismo: "A vida social é essencialmente *prática*. Todos os mistérios que induzem a teoria ao misticismo encontram sua solução racional na prática humana e na compreensão dessa prática"[122]. Com sua habitual clareza abrangente, Marx ressalta aqui que a compreensão dessa prática igualmente é um pressuposto da dissolução dos mistérios existentes em toda parte para o pensamento meramente contemplativo. (A passagem é aclarada com primor por sua crítica do conceito de gênero de Feuerbach "como generalidade interna, *muda* [grifo meu], que une muitos indivíduos *de modo meramente natural*"[123], e pelos aforismos 10 e 11.)

<82> Desse estado de coisas, todavia, não decorre "que não é o experimento que amplia nossos conhecimentos, mas as *ideias* que nos guiam no experimento", como me imputa o camarada Rudas (*AL*, v. 9, p. 513), nem que, por exemplo, em consequência dessa superação das limitações do mero experimentador, eu passaria a exigir uma física, química etc. "proletárias". Lenin em pessoa aponta, na citação anterior, primorosamente para a diferença entre ciência especializada e filosofia. E aqui se fala *tão somente* da questão *filosófica*, pois Engels pretende refutar justamente as extravagâncias *filosóficas* por intermédio do experimento e o que ponho em dúvida é exatamente a correção dessa sua refutação filosófica. Está claro (e também Rudas admite isso – *AL*, v. 9, p. 511) que Kant não pôs em dúvida a ampliação concreta de nossos conhecimentos e não se vê qualquer razão para que ele, sendo adepto de Newton, tivesse posto em dúvida justamente sua ampliação por meio de experimentos. (Pense-se

---

[122] Ed. bras.: Karl Marx, "Marx sobre Feuerbach (1845) [com alterações de Engels, 1888]", em Karl Marx e Friedrich Engels, *A ideologia alemã*, cit., aforismo 8, p. 539.

[123] Ibidem, aforismo 6, ponto 2, p. 538.

também em Helmholtz[124], que – em termos gerais – também é kantiano.) Portanto, se *apesar disso* Kant nega a cognoscibilidade da coisa em si, ele *só* pode ser refutado *filosoficamente*, e não pelo mero experimento. Sua refutação começa, como mostramos, com Hegel e é consumada por Marx e Engels, que aclaram *filosoficamente* o que significa, *em termos históricos, reais, concretos*, fenômeno, em si, para nós etc. (Não cabe aqui tratar até que ponto a própria filosofia supera essa refutação.)

A refutação filosófica de todas as extravagâncias filosóficas acontece, como mostra Marx em sua crítica a Feuerbach, por meio da práxis transformadora. A pergunta que se coloca, portanto, é esta: a práxis do experimento (e da indústria) constitui uma práxis *nesse* sentido ou – nos termos em que me expressei – no sentido filosófico-dialético? O camarada Rudas pensa poder refutar-me com a seguinte pergunta: "Onde se tem uma práxis em que não se observa?" (*AL*, v. 9, p. 512). Correto. Porém, ao questionar isso, ele demonstra mais uma vez que não entende nada de dialética e, como fiel kantiano que é, trata o antagonismo de comportamento contemplativo e comportamento prático segundo o esquema da dualidade de razão pura e razão prática. De acordo com esse entendimento, porém, *tudo* é práxis transformadora, inclusive a caça aos cangurus promovida pelos negros australianos, visto que na noite do pensamento de Rudas todos os gatos de fato são pardos. Nesse caso, porém, é incompreensível por que Marx ressalta essa "prática transformadora" que sempre existiu como algo novo, como um *antagonismo* ao modo de análise próprio da mais desenvolvida das sociedades que até agora existiu, da sociedade burguesa (*Feuerbach*, aforismos 9 e 10)[125]. Se em sua filosofia da natureza Feuerbach está <83> de fato postado sobre o chão firme de um materialismo consequente, por que Marx enfatizaria *contra* ele que ele apela a uma contemplação sensível, "mas ele não apreende o sensível como atividade *prática*, humano-sensível" (aforismo 5)[126]? Trata-se, portanto, de perguntar se *essa* práxis, que, de acordo com as explicações claras de Marx, da qual Feuerbach e todo o materialismo contemplativo *não conhece*, existe no experimento (e na indústria), ou seja, se o "mais singelo dos trabalhadores

---

[124] Referência ao médico, físico e filósofo alemão Hermann Ludwig Ferdinand von Helmholtz (1821-1894).

[125] Ed. bras.: Karl Marx, "Marx sobre Feuerbach (1845) [com alterações de Engels, 1888]", cit., p. 539.

[126] Ibidem, p. 538.

clandestinos" – com o qual o camarada Rudas me confronta com sua costumeira nobre indignação – que "observa o efeito do que ele faz" (*AL*, v. 9, p. 512), assume um comportamento prático *nesse* sentido, no sentido dos aforismos de Marx sobre Feuerbach. O camarada Rudas manifestamente pensa que, se a atividade do trabalhador clandestino já é "prática", tanto mais o é a do trabalhador treinado, sem falar na do experimentador. A meu ver, Marx dificilmente teria concebido a atividade "observadora" do trabalhador clandestino como práxis transformadora, como atividade crítico-prática, pois, quando ele fala de prática na passagem citada, ele enfatiza que a solução racional dos mistérios se encontra "na prática humana e *na compreensão* [grifo meu] dessa prática". Creio que Marx dificilmente teria concebido a atividade observadora exercida pelo trabalhador clandestino enquanto quebrava pedras como compreensão de sua prática. Muito antes, ele vislumbrou essa compreensão apenas no conhecimento da totalidade do processo histórico-social, ou seja, no materialismo histórico. Assim, Marx descreve antes de tudo (por exemplo, em *Das Kapital*, Livro I, p. 325, 338)[127] como a divisão capitalista do trabalho automatiza o processo de trabalho, rebaixando a atividade do trabalhador à de assistente da máquina, e acentua, em seguida, diante do dr. Ure, o Píndaro da fábrica automática, que, na aplicação capitalista da maquinaria em grande escala e, por conseguinte, no moderno sistema fabril, "o próprio autômato é o sujeito, e os operários só são órgãos conscientes pelo fato de estarem combinados com seus órgãos inconscientes, estando subordinados, com estes últimos, à força motriz central" (ibidem, p. 384)[128]. É risível acreditar que Marx tivesse concebido essa atividade (sem qualquer compreensão dessa prática) como práxis transformadora, como superação de Feuerbach.

É certo que a práxis transformadora cresce no chão de um ser social que produz essa atividade. Porém, isso não acontece de forma elementar, espontânea, mas justamente de modo que os trabalhadores *tomam consciência* dos pressupostos histórico-sociais de sua atividade, das tendências objetivas do desenvolvimento econômico que produziram essa sua <84> atividade e que impulsionam para além dessas formas do ser social, e *intensificam* essa consciência (compreensão da práxis: consciência de classe) em uma práxis

---

[127] Ed. bras.: idem, *O capital*, Livro I, cit., p. 434 e 453.
[128] Ibidem, p. 491.

transformadora. O experimentador carece dessa consciência dos fundamentos de sua atividade; isto é, ele a tem se "casualmente" (casualmente, porque sua situação de classe não implica nenhuma coerção social objetiva para isso) for marxista. Ele observa um contexto parcial da realidade objetiva e, na medida em que a observou corretamente, obtém resultados científicos corretos, do mesmo modo que o trabalhador coopera para realizar corretamente o trabalho prescrito, se manejar corretamente o autômato, do qual ele é uma pequena parte. O substrato material dos dois processos é dialético: ele é momento de um processo dialético objetivo. A dialética do processo capitalista de trabalho, da técnica capitalista etc., converteu-se inclusive – no materialismo histórico – em conhecimento dialético. Porém, os dois processos só são dialéticos em si. Esse ser em si de modo algum é superado apenas por conter uma forma imediatamente consciente. Em seu contexto parcial, o experimentador transforma o em si em um para nós, sem que tome consciência dialeticamente do caráter dialético do contexto global ao qual pertencem o objeto de sua atividade e sua atividade, bem como as categorias mediante as quais ele toma consciência. Nem mesmo onde existe um contexto global a forma imediata de tomada de consciência dela precisa coincidir com sua estrutura interior real. Em carta a Lassalle, Marx fala, por exemplo, do sistema que Heráclito e Epicuro tiveram "apenas em si" e acentua que, inclusive em filósofos como Spinoza, cujo pensamento possui uma forma sistemática, "a estrutura interna real de seu sistema é bem diferente da forma com que foi apresentado conscientemente" (*Nachlaß-Ausgabe von Gustav Mayer* [edição póstuma de Gustav Mayer], v. 3, p. 123). A transformação dialética do em si em um para nós sempre exige mais do que uma conversão direta em formas de consciência.

O mero pesquisador da natureza carece da consciência dos fundamentos materiais de sua atividade. E sua atividade sozinha é bem menos capaz de lhe proporcionar essa consciência do que o mero processo de trabalho e a luta elementar e espontânea contra o empresário são capazes de proporcionar ao trabalhador uma consciência de classe, embora ambos sejam – objetivamente – momentos do processo dialético, cujo produto é a consciência de classe. Ademais, essa consciência pode ser proporcionada menos ainda por alguma filosofia ou teoria do conhecimento, que com frequência induziram <85> pesquisadores que realizaram muita coisa boa em suas especialidades às conclusões mais absurdas e aventurescas. *Só o materialismo histórico é capaz* de proporcionar essa consciência, pois o pesquisador da natureza é um produto de seu ser social tanto quanto qualquer mortal. Nem quero falar aqui dos preconceitos de classe, bem pessoais, que influenciam seu pensamento, especialmente quando ele deixa sua especialidade e começa a filosofar, o que com muita frequência não o impede de produzir conhecimentos *objetivamente corretos* nessa especialidade, de transformar um em si em um para nós. Tenho em mente, muito antes, que sua consciência também é determinada por seu ser social, que ele, achando que possui uma opinião isenta de pressupostos e imparcial quando se confronta com a realidade objetiva, com a natureza, permanece de fato amplamente enredado nas formas imediatamente dadas de seu ser social – não discernido por ele –, como sucedeu, a seu tempo, com os mais brilhantes representantes da economia clássica da Inglaterra. O fato de uma *investigação especializada* imparcial – e, por isso, capaz de fornecer resultados corretos, objetivos – nas ciências naturais ainda ser possível tem sua razão de ser naquela relação do metabolismo entre sociedade e natureza com o processo de transformação da sociedade em nosso período de transição, indicado anteriormente por mim. O materialismo histórico, no qual se expressa o conhecimento social do proletariado como conhecimento para si, é o primeiro a produzir clareza nesse ponto. O materialismo histórico é o primeiro a desvendar a origem real e, por isso mesmo, a essência concreta das categorias de nosso ser e de nossa consciência, de explicitar como produtos do processo de desenvolvimento histórico-social as formas de pensamento tomadas em sua imediatidade como naturais e eternas. Em que medida o processo historicamente em mutação e, portanto, historicamente transitório do metabolismo *capitalista* com a natureza determina nosso atual conhecimento dela? Onde começam as categorias que determinam o metabolismo *entre toda a sociedade* e a natureza? Essas são questões a ser respondidas pela investigação individual, que previsivelmente evidenciará como históricas, determinadas pelo metabolismo específico entre sociedade capitalista e natureza, algumas categorias que hoje aparecem como "eternas", extraídas diretamente da natureza, como, por exemplo, a categoria do trabalho na física. Marx vislumbrou no entendimento que Descartes tinha dos animais um reflexo do período da manufatura (*Das Kapital*, Livro I, p. 354, n. 111)[129] e encarou a concepção de ser humano de Lamettrie como continuação ‹86›

---

[129] Ibidem, p. 463, n. 111.

direta dessa tradição cartesiana (*Die Heilige Familie, Nachlaß*, v. 2, p. 233)[130]. Quando ainda era marxista, Kautsky também pensava

> que as teorias da catástrofe predominaram nas ciências naturais enquanto a burguesia era revolucionária; quando a burguesia derivou para vias conservadoras, elas foram substituídas pelas teorias do desenvolvimento imperceptível. Essa conexão não causará surpresa a ninguém que esteja ciente do quanto as necessidades e as sensibilidades sociais influenciam não só as teorias sociais, mas também as da ciência natural, ou seja, toda a imagem de mundo. (*Neue Zeit*, v. 23, n. 2, p. 134)

Tal conhecimento dos fundamentos materiais das ciências naturais e, com elas, do experimento, que – repito – *só* o materialismo histórico é capaz de proporcionar, é o único em condições de transformar a conexão dialética que está na base de um resultado individual ou de todo um campo em si, em conexão dialética também para nós. Porém, pressuposto indispensável disso é a categoria "superior" do para si, ou seja, a consciência de classe do proletariado. Mas a transformação do em si em para nós, efetuada pelo experimento e pela indústria, faz com que *os dois juntos* componham a matéria, o objeto da superação prática das extravagâncias filosóficas, a exemplo do que Marx sempre fez em sua dissolução dialética da economia burguesa, explicitando a dialética contida em seu em si, mas só no em si, tratando as teorias corretas e as falsas em conexão com seu substrato material, mostrando geneticamente como o ser social possibilitou, a um, desvendar adequadamente uma conexão correta e como necessariamente impediu o outro inclusive de identificar a contradição ou de tomar consciência de seu caráter dialético.

Essas explicações poupam-nos um exame detalhado da indústria como práxis transformadora. O camarada Rudas me imputa um *quid pro quo* [quiproquó], porque, na polêmica contra a passagem de Engels, igualo indústria a capitalista (admito, indústria capitalista teria sido uma expressão mais correta). Ele afirma o seguinte: no caso em questão, seria totalmente indiferente a indústria ser capitalista ou não, "no sentido em que Engels fala aqui de indústria, uma indústria comunista procederia do mesmo modo que uma capitalista ou qualquer outra... Porque nesse sentido a indústria é um processo natural eterno entre ser humano e natureza, no qual o ser humano medeia seu metabolismo com a natureza" (*AL*, v. 9, p. 514-5). Em primeiro lugar, essa alusão a Marx não está correta. <87> Marx diz: "A produção de *valores de uso*

---

[130] Ed. bras.: idem, *A sagrada família*, cit., p. 49.

122 | Reboquismo e dialética

ou de bens não sofre nenhuma alteração *em sua natureza* pelo fato de ocorrer para o capitalista e sob seu controle, razão pela qual devemos, de início, *considerar* o processo de trabalho independentemente de qualquer forma social determinada" (*Das Kapital*, Livro I, p. 140; grifos meus)[131]. Nessa passagem de Marx, trata-se, portanto, de uma "abstração razoável", com a qual ele, por razões metodológicas, inicia sua investigação e, em seguida, desenvolve todos os pontos das determinações específicas que reproduzem concretamente a realidade histórica. Porém, é impossível que a passagem de Engels se refira a tal abstração metodológica. Caso se pretenda que a práxis da indústria refute as extravagâncias filosóficas, isso só poderá ser levado a cabo pela *indústria real*, não pelo conceito abstrato de uma produção de valores de uso. Não consigo atinar em que consistiria o mal-entendido contido em igualar, nessa relação concreta, a indústria real à indústria capitalista.

Sempre que fala *concretamente* sobre a indústria, Marx fala claramente da indústria capitalista. Deixarei de lado as passagens fundamentais sobre a divisão do trabalho e me limitarei a uma indicação sucinta ao tratamento dado à questão da maquinaria, pois é nele que ficamos mais propensos a aceitar a aparência de que se trata de uma determinação de existência, embora não supra-histórica, contudo igualmente efetiva tanto para o capitalismo quanto para o socialismo; é que o socialismo também terá de operar com máquinas. Passo a citar algumas passagens importantes:

> Mesmo a facilitação do trabalho se torna um meio de tortura, pois a máquina não livra o trabalhador do trabalho, mas seu trabalho de conteúdo. Toda produção capitalista, por ser não apenas processo de trabalho, mas, ao mesmo tempo, processo de valorização do capital, tem em comum o fato de que não é o trabalhador quem emprega as condições de trabalho, mas, ao contrário, são estas últimas que empregam o trabalhador; porém, apenas com a maquinaria essa inversão adquire uma realidade tecnicamente tangível. Transformado num autômato, o próprio meio de trabalho se confronta, durante o processo de trabalho, com o trabalhador como capital, como trabalho morto a dominar e sugar a força de trabalho viva. <88> A cisão entre as potências intelectuais do processo de produção e o trabalho manual, assim como a transformação daquelas em potências do capital sobre o trabalho, consuma-se, como já indicado anteriormente, na grande indústria, erguida sobre a base da maquinaria. (*Das Kapital*, Livro I, p. 388)[132]

---

[131] Ed. bras.: idem, O *capital*, Livro I, cit., p. 255.

[132] Ibidem, p. 494-5.

E:

E esse é o argumento central da apologética econômica! As contradições e os antagonismos inseparáveis da utilização capitalista da maquinaria inexistem, porquanto têm origem não na própria maquinaria, mas em sua utilização capitalista! Como, portanto, considerada em si mesma, a maquinaria encurta o tempo de trabalho, ao passo que, utilizada de modo capitalista, ela aumenta a jornada de trabalho; como, por si mesma, ela facilita o trabalho, ao passo que, utilizada de modo capitalista, ela aumenta sua intensidade; como, por si mesma, ela é uma vitória do homem sobre as forças da natureza, ao passo que, utilizada de modo capitalista, ela subjuga o homem por intermédio das forças da natureza; como, por si mesma, ela aumenta a riqueza do produtor, ao passo que, utilizada de modo capitalista, ela o empobrece etc. – o economista burguês declara simplesmente que a observação da maquinaria, considerada em si mesma, demonstra com absoluta precisão que essas contradições palpáveis não são mais do que a aparência da realidade comum, não existindo por si mesmas e, portanto, tampouco na teoria. (Ibidem, p. 406-7)[133]

Essas passagens mostram que Marx, ao considerar a forma concreta das forças produtivas, sempre se manteve bem atento a seu "invólucro capitalista"[134]. Este, justamente, não passa de um invólucro, "por trás" do qual (ou melhor, dentro do qual) atuam as forças sociais objetivas que produziram o capitalismo e que provocarão sua ruína. Isso está bem claro, mas confunde aqueles que desse fato inferem o caráter "subjetivo", o caráter aparente desse invólucro; confunde só kantianos como o camarada Rudas. O dialético materialista sabe que o invólucro capitalista também é parte da realidade objetiva (como em Hegel o fenômeno constitui um fator da essência), mas que só o conhecimento dialeticamente correto de todas as determinações concretas da totalidade é capaz de apreender cognitivamente o modo, o grau etc. da objetividade e da realidade dos fatores individuais. Tal conhecimento dialético correto do invólucro capitalista permite identificá-lo em sua realidade como invólucro. Ou seja, fica claro que o conhecimento de sua condicionalidade social não o converte em mera aparência (algo <89> subjetivo), que a ciência de seu desaparecimento nada muda no fato de ele ser *a figura concreta da indústria para nossa época*, que a indústria real *só* pode ser separada *conceitualmente* desse invólucro. Pois a existência desse

---

[133] Ibidem, p. 513-4.
[134] Ibidem, p. 832.

invólucro está inseparavelmente ligada às formas mais essenciais de existência de nosso atual ser social. (Máquinas com a divisão do trabalho na fábrica, a divisão do trabalho na fábrica com a divisão social do trabalho etc.) Com a ajuda do materialismo histórico, podemos obter uma perspectiva da época em que essas formas reais de existência terão sido de fato superadas (a fase superior da sociedade comunista na *Crítica do Programa de Gotha*), mas não podemos antecipar esse desenvolvimento concretamente por meio do pensamento. O desaparecimento real do invólucro capitalista acontece no *processo histórico real*; isto é, para fazer o invólucro capitalista desaparecer concreta e realmente, é preciso transformar as categorias reais do ser social (divisão capitalista do trabalho, separação de cidade e campo, de trabalho físico e intelectual); é claro que essa revolução também transformará em grande parte (até mesmo no plano da técnica) a forma concreta da indústria. (Relação entre técnica e divisão capitalista do trabalho.) O que permanece igual nas duas épocas é apenas o *conceito* da indústria nacional [*Landindustrie*], a indústria como "abstração razoável".

A objeção do camarada Rudas, o fato de ignorar a dialética do invólucro capitalista explicita sua "intenção inconsciente", a razão – não lógica, não científica – de seu mal-entendido: seu *reboquismo descamba para a apologética*. O camarada Rudas de fato almeja expor a *igualdade essencial da sociedade capitalista com a sociedade comunista*, tratando o invólucro capitalista como mera aparência, que apenas precisa ser afastada como se fosse um véu para que se consiga divisar *concretamente* "a" indústria como um "processo objetivo de produção", um "processo natural eterno entre ser humano e natureza". E isso de tal maneira que essa figura *concreta* seja *igual* no capitalismo e no socialismo. Ele imagina ter alcançado uma noção especialmente materialista do processo de desenvolvimento social, enquanto apenas desconsidera – como todos os apologistas – as determinações históricas específicas do capitalismo. No plano teórico, <90> trata-se do mesmo erro que cometem os burocratas oportunistas dos sindicatos que, no ano de 1918, alegaram encontrar-se "em meio ao socialismo". Evidentemente, para Rudas, assim como para Deborin, a atividade, a práxis, nada mais é que a "luta da sociedade contra a natureza" (*AL*, v. 10, p. 639). Ele simplesmente não *pode* nem *quer* conceber outra forma do processo de desenvolvimento social que não seja a do processo fatalmente elementar do capitalismo. Ele não quer abandonar seu eminente posto científico de "observador" do curso regular da história, do qual ele pode "prever" os desenvolvimentos revolucionários. A transformação real, na medida em que existe para ele, será providenciada automaticamente pelo desenvolvimento elementar. Tudo o que incomoda essa tranquilidade reboquista é idealismo, agnosticismo, dualismo etc.

Em minhas observações sobre a passagem de Engels (recorrendo a uma citação do próprio Engels), destaquei esse caráter *elementar* da indústria *capitalista*. Ao fazer isso, obviamente não cometi a asneira imputada a mim pelo camarada Rudas, por razões que agora se tornaram compreensíveis, de negar a multiplicação de nossos conhecimentos por meio da indústria capitalista. Porém, tenho de retornar ao que já disse sobre o experimento: a multiplicação de nossos conhecimentos representa uma refutação filosófica das extravagâncias filosóficas de Kant e outros pensadores? Repito também neste ponto: sim, para quem tem os pés firmes no chão do materialismo histórico, ou seja, para quem – diferentemente do camarada Rudas, que confunde o conceito abstrato da indústria com sua figura histórica real – apreende as contradições dialéticas do desenvolvimento da indústria *capitalista*. Pois aqui adquirem validade ainda maior as perguntas antes levantadas: por que o desenvolvimento da indústria não refuta as extravagâncias filosóficas do agnosticismo em primeira linha entre aqueles que "fazem" <91> a indústria? Por que estes, mais precisamente, tanto os possuidores de capital quanto os verdadeiros líderes da indústria, os capitães industriais, os engenheiros etc., incorrem nas extravagâncias filosóficas do agnosticismo na mesma proporção em que o capitalismo se desenvolve? Só o que podemos fazer é repetir a resposta anterior: porque para eles torna-se cada vez mais impossível em termos objetivos e de classe tomar consciência dos fundamentos materiais reais de sua existência; porque o agnosticismo com todas as suas extravagâncias filosóficas constitui uma forma necessária de seu compromisso de classe com seus precursores feudais; porque eles são portadores "sem vontade e irresistentes" desse desenvolvimento, objetos da dialética real vigente, não seus sujeitos. Sua práxis igualmente se mostra inseparável de seu invólucro capitalista.

Com razão se dirá que Friedrich Engels estava bem mais ciente de tudo isso do que o autor destas modestas observações. Correto. Mas por isso mesmo citei, na referida passagem de meu livro, contra a teoria aqui analisada, a obra do próprio Engels quando jovem. Pois parece-me que, quando em idade madura, pôs à prova o método dialético no conhecimento da natureza, Engels às vezes percebeu como demasiadamente óbvia a via que o levara ao domínio

126 | Reboquismo e dialética

da dialética, para elaborá-la especificamente em sua exposição*. Sobre a dialética, ele diz, por exemplo:

> Porém, são justamente os antagonismos polarizados, concebidos como irreconciliáveis e insolúveis, as linhas divisórias e as diferenças de classe arbitrariamente fixadas, que conferiram à moderna ciência teórica da natureza seu caráter metafísico limitado. Saber que esses antagonismos e essas diferenças ocorrem na natureza, mas que sua validade é apenas relativa e *que, em contraposição, suas supostas rigidez e validade absoluta são primeiramente introduzidas na natureza pela nossa reflexão –* esse conhecimento perfaz o ponto central da concepção dialética da natureza. (*Anti-Dühring*, p. xviii-xix; grifos <92> meus)[135]

Esse estado de coisas, cujo caráter social, como se vê, Engels acentua com muita clareza, está na base das partes decisivas da lógica dialética de Hegel, a lógica da essência, que Engels caracteriza – na já citada carta a Lange – como "filosofia da natureza" de Hegel. Entretanto, ela não constitui só sua verdadeira filosofia da natureza, mas também propriamente sua filosofia da sociedade. Não é por acaso que o "espírito objetivo", que culmina no conhecimento da sociedade burguesa, assume no sistema a mesma posição mediadora entre natureza e "espírito absoluto" assumida pela lógica da essência entre a lógica do ser e a lógica do conceito. Isso porque justo na "lógica da essência" se espelham conceitualmente – do que Hegel, todavia, não tinha consciência – as leis reais do movimento, o ser social real da sociedade burguesa. Quando Marx inverteu a filosofia de Hegel e ao mesmo tempo resgatou seu núcleo real, foi precisamente da lógica da essência – desmitificada, todavia – que ele resgatou a maior parte. Pois a maior parte dessa lógica constitui justamente um reflexo em forma puramente mental, mistificada e mitificada, do ser social da sociedade burguesa. (Espero um dia poder expor em detalhes essa relação entre Marx e a lógica hegeliana.)

Portanto, *para* Engels, essa omissão, em algumas passagens, das mediações que lhe foram possibilitadas por seu conhecimento dialético e que objetivamente fazem parte desse conhecimento constitui um episódio. E, caso se tratasse apenas de Engels, tranquilamente poder-se-ia deixar essa questão como está ou ela não passaria de uma questão filológico-histórica irrelevante.

---

* Correção do texto original de *"meiner Darstellung"* [em minha exposição] para *"seiner Darstellung"* [em sua exposição].

[135] Ed. bras.: Friedrich Engels, *Anti-Dühring: a revolução da ciência segundo o senhor Eugen Dühring* (trad. Nélio Schneider, São Paulo, Boitempo, 2015), p. 40.

Como, porém, essas lacunas são alargadas com entusiasmo, alçadas à condição de sistema do marxismo, *visando a liquidar a dialética*, foi preciso chamar incisivamente atenção para esses pontos. A tendência de Deborin e Rudas é clara: eles querem fazer – valendo-se das *palavras* de Marx e Engels – do materialismo histórico uma *"science"* [ciência] no sentido burguês, e isso porque não podem dispensar o elemento vital da sociedade burguesa e sua concepção de história, isto é, o caráter puramente elementar do acontecimento histórico, porque eles – [...][136].

* * *

---

[136] No original, o texto é interrompido neste ponto.

Posfácio
Avatares da filosofia marxista:
a propósito de um texto inédito
de György Lukács[*]

Fazendo um resumo, pode-se dizer que o percurso intelectual de Lukács é um esforço de mais de sessenta anos para circunscrever a subjetividade do sujeito, para definir as condições de uma *unreduzierte Subjectivität* (uma subjetividade não reduzida e irredutível) e, mais precisamente, de uma verdadeira *humanitas* do *homo humanus*. Desde seus ensaios de juventude, reunidos no volume *Die Seele und die Formen*[**] [A alma e as formas] (de 1911), ele tentou, através de experiências intelectuais audaciosas, algumas das quais foram abandonadas ao longo do caminho, reencontrar as figuras da consciência que poderiam dar corpo a uma verdadeira subjetividade do sujeito, a uma subjetividade que teria enfim estabelecido um equilíbrio entre sua heteronomia e sua autonomia. É a mesma subjetividade irredutível que a filosofia persegue no "eu inteligível" de Kant ("A metafísica da tragédia"[***]), na *Abgeschiedenheit* de Mestre Eckhart (o "desapego" como expressão da purificação extrema), na interioridade levada ao paroxismo dos heróis de Cervantes ou de Dostoiévski (Dom Quixote, o

---

[*] Este texto foi originalmente publicado como prefácio à edição francesa de *Reboquismo e dialética*. Ver: Nicolas Tertulian, "Avatars de la philosophie marxiste: à propos d'un texte inédit de Georg Lukács", em György Lukács, *Dialectique et spontanéité: en défense de Histoire et conscience de classe* (Paris, Éd. de la Passion, 2001). Foi cedido à presente edição pelo autor. A tradução aqui adotada, de Ivo Tonet, professor da Universidade Federal de Alagoas, foi publicada em *Crítica Marxista*, Campinas, n. 13, 2001, p. 29-44. (N. E.)

[**] Berlim, Egon Fleischel & Co., 1911. (N. E.)

[***] Ver György Lukács, *Die Seele und die Formen*, cit., p. 327-73. (N. E.)

130 | Posfácio

príncipe Míchkin ou Aliócha Karamázov), no espírito indomável de Ady Endre (autor da célebre poesia "Ugocsa non coronat", muito admirada por Lukács, cujo sentido é: mesmo o menor condado da Hungria, Ugocsa, tem o direito de se opor à coroação de um Habsburgo), no vivido purificado de toda aderência empírica da "experiência estética" (ver o capítulo muito kantiano "A relação sujeito-objeto na estética", em *A estética de Heidelberg**), na identidade hegeliana sujeito-objeto, encarnada pela consciência revolucionária do proletariado (*História e consciência de classe***), ou enfim na "especificidade do gênero humano" para si e na "consciência de si do gênero humano" (a *Ontologia***** e a *Estética*****). Até o fervor com que abraçou o pensamento de Marx se explica pela convicção de encontrar ali uma estrutura de pensamento que faz plenamente justiça à subjetividade do sujeito, levando em conta a multiplicidade dos condicionamentos objetivos.

Apesar de uma trabalhosa assimilação do marxismo (processo que se estende de 1918 a 1930) e uma libertação não menos difícil de uma certa herança idealista hegeliana, Lukács jamais foi tentado pelo "naturalismo" na interpretação da sociedade e da história, naturalismo que marcava profundamente a ortodoxia de Plekhanov ou de Kautsky, e que ressurgiria com força mais tarde no dogmatismo stalinista.

Seu famoso livro, de 1923, *História e consciência de classe*, foi intensamente atacado logo após seu aparecimento, justamente por seu "subjetivismo", pelos doutrinários da Terceira Internacional, que se julgavam os representantes do marxismo autêntico. Pensamos, de imediato, nos artigos publicados, na época, em *Arbeiterliteratur*, por Abram Deborin e László Rudas, imediatamente depois do V Congresso da Internacional, que tinham sido precedidos de uma condenação arrogante e sumária de Lukács pelo próprio Zinoziev, presidente da Internacional, em seu relatório ao Congresso. Ignorava-se, até recentemente, a reação de Lukács a essa onda de ataques.

---

* Idem, *Werke*, v. 17: *Heidelberger Ästhetik* (1916-1918) (Berlim, Luchterhand Literaturvlg, 1992). Esta obra, que o autor tinha deixado de lado, foi publicada postumamente. (N. E.)

** Idem, *História e consciência de classe: estudos sobre a dialética marxista* (trad. Rodnei Nascimento, São Paulo, WMF Martins Fontes, 2003). (N. E.)

*** Idem, *Para uma ontologia do ser social* (trad. Carlos Nelson Coutinho et al., São Paulo, Boitempo, 2012-2013), 2 v. (N. E.)

**** Idem, *Ästhetik*, parte 1: *Die Eigenart des Ästhetischen*, em *Werke*, v. 11-2 (Berlim, Luchterhand, 1964). (N. E.)

A descoberta, nos arquivos unificados do Comintern e do antigo Partido Comunista da União Soviética, de um longo texto desconhecido, datando dos anos 1925-1926 (segundo as fontes citadas), mostra que, em vez de curvar-se à lógica de seus inquisidores, o autor de *História e consciência de classe* defendeu com unhas e dentes suas posições. Esse texto, intitulado *Chvostismus und Dialektik*, foi publicado em 1996 em Budapeste, sob a forma de uma brochura de umas oitenta páginas, aos cuidados de László Illés, do Instituto de Teoria Literária da Academia Húngara de Ciências, e com a aprovação do diretor dos Arquivos de Moscou, pela Aron, editora da revista *Magyar Filozófiai Szemle*. Lukács responde aí às principais objeções de Rudas e Deborin (no entanto, o texto do segundo é levado menos em conta), mas as instâncias às quais o texto foi endereçado na época (ele foi encontrado nos fundos do antigo Instituto Lenin de Moscou) parecem não ter aprovado sua publicação.

O texto testemunha a resistência de Lukács às tentativas de estreitamento do pensamento marxiano, transformado pelos ortodoxos da época em um determinismo grosseiro, tratando a subjetividade como um epifenômeno das cadeias causais objetivas. O essencial da polêmica se volta para a natureza da *subjetividade revolucionária*. O práxis-centrismo de Lukács, perceptível na distinção da *zugerechnetes Bewusstsein* [consciência atribuída], nas críticas dirigidas a Engels a respeito da experimentação ou da indústria como formas da práxis, na rejeição da dialética da natureza e da *Abbildtheorie* (teoria do reflexo), desencadeava a indignação dos seus adversários que o acusavam de idealismo e subjetivismo.

No momento em que redigia sua réplica a Rudas e Deborin, Lukács se encontrava intelectualmente em um período de transição entre o marxismo fortemente hegelianizado de *História e consciência de classe* e a concepção mais equilibrada e mais realista da relação sujeito-objeto desenvolvida em suas obras de maturidade. Em certos pontos (a questão da *dialética da natureza*, por exemplo), o autor do texto parece efetivamente recuar em relação à decidida posição negativa expressa em seu livro, mas em relação a outros pontos essenciais ele defende com abundância de argumentos as teses mais radicais de seu livro. Longe de se deixar intimidar pelas críticas de Rudas – que o censurava por se inspirar na concepção neokantiana da subjetividade (Rickert e Max Weber) para a formulação de seu conceito de *zugerechnetes Bewusstsein* [consciência atribuída] –, Lukács contrapõe ao empirismo exagerado de seu adversário a vocação do sujeito revolucionário de transcender o dado por meio

132 | Posfácio

de um processo de *múltiplas mediações*, e, portanto, sua natureza profundamente dialética. O interesse da polêmica reside na energia com que Lukács faz valer a especificidade irredutível do *ser social* em relação ao *ser da natureza*, acentuando o caráter essencialmente mediatizado do trabalho da subjetividade.

A besta negra da época era a interpretação contemplativa da natureza e da sociedade, que mantinha intacto o dualismo sujeito-objeto (o modelo disso era o kantismo) e não permitia dar conta da efervescência teleológica da práxis. Tentado mais fortemente a identificar a práxis com a práxis social revolucionária, ele tratava com certo distanciamento as formas mais elementares e mais modestas da práxis, chegando até a negar à experimentação e à indústria, exemplos utilizados por Engels, o caráter de práxis. Seu messianismo revolucionário, para empregar a caracterização que ele aplicaria a si mesmo mais tarde*, imprimia, todavia, a seu discurso um dinamismo dialético autêntico, com uma valorização fecunda, por exemplo, do par categorial imediatidade-mediação [*Unmittelbarkeit-Vermittlung*], abrindo uma brecha na interpretação "cientificista" ou "determinista" do marxismo. Desse modo, ele podia combater eficazmente o que se poderia chamar de interpretação "plekhanoviana" do marxismo que seus adversários (Rudas e Deborin de fato se apoiavam em Plekhanov) utilizavam e que, tratando o sujeito como um simples agente do determinismo objetivo, escondia a especificidade da ação do *sujeito* no interior da vida social. Tirando as conclusões políticas dessas divergências teóricas, o jovem filósofo não hesitava em acusar Rudas de "*chvostismus*" (atitude daqueles que arrastam os pés)** e Deborin de continuar com seu antigo menchevismo.

O texto revela também as grandes fraquezas da argumentação de Lukács e joga uma luz crua sobre a vulnerabilidade de certas posições de base de seu livro de 1923. Por outro lado, o próprio autor se encarregaria de pô-las em evidência mais tarde, em um memorável prefácio, escrito em 1967 para a reedição do livro.

O discurso filosófico de Lukács nos anos 1920 é uma mistura *sui generis* de ideias fecundas e de erros chocantes. Acabamos de ver os efeitos insidiosos de seu "práxis-centrismo", que o levava a recusar às formas mais ou menos elementares de ação sobre a natureza o caráter de verdadeira práxis e a

---

* Cf. prefácio escrito em 1967 para a reedição de *História e consciência de classe*. Ver György Lukács, *História e consciência de classe*, cit., p. 10-1, 28 e 32. (N. E.)

** Sobre o termo "*chvostismus*", ver, neste volume, a "Nota do editor húngaro", de László Illés, p. 29. (N. E.)

identificar, no afã de seu combate às posições *contemplativas* a respeito do real, a *práxis* com a ação emancipadora da classe revolucionária. A teoria kantiana do conhecimento, fundada no dualismo irredutível entre o sujeito cognitivo e a coisa em si, mas também o materialismo tradicional (Lukács chegava até a aceitar a definição do materialismo como "platonismo invertido" proposta por Rickert) representavam, a seus olhos, o *summum* da atitude contemplativa: ele lhes opunha o dinamismo indomável da dialética hegeliana, que, exigindo que a verdade não fosse considerada apenas como "substância", mas também como "sujeito", permite articular sem cessar sujeito e objeto, teoria e prática. É a partir dessas posições que Lukács irá formular suas célebres críticas a Engels, tanto a respeito da dialética da natureza quanto a respeito da refutação da coisa em si kantiana, críticas que lhe deviam atrair a ira de seus adversários.

Em sua revolta contra a "reificação" das relações inter-humanas na sociedade moderna, na qual os indivíduos são reduzidos cada vez mais ao papel de *objeto* e despossuídos de suas capacidades eminentemente subjetivas de autodeterminação, Lukács se propunha, em *História e consciência de classe*, a voltar aos *fundamentos filosóficos* dessas práticas reificantes. Ele chegava assim a uma construção intelectual audaciosa, mas discutível, na qual a teoria kantiana do conhecimento aparecia como a expressão filosófica sublimada (e também como caução suprema) das práticas da racionalidade instrumental e calculadora. O formalismo da epistemologia kantiana, na qual as categorias são puras determinações do entendimento aplicadas ao mundo dos fenômenos, era considerado como o pano de fundo das práticas de submissão do real às exigências do sujeito manipulador. O postulado gnosiológico kantiano de uma coisa em si que se subtrai ao acesso do sujeito cognitivo (imobilizada, portanto, segundo o autor de *História e consciência de classe*, na irracionalidade) se tornava o espelho de uma sociedade que não conheceria mais do que a ação fragmentária e parcelada por definição do sujeito da racionalidade instrumental: a apreensão da *totalidade* estava além da capacidade do sujeito cognitivo, que não tinha acesso ao substrato ou à matéria dos fenômenos. Os limites dessa ação puramente calculatória e instrumental que caracterizam as práticas do sujeito burguês são revelados pelas *crises* que sacodem brutalmente a sociedade, nas quais o autor de *História e consciência de classe* identificava a desforra contra o sujeito puramente manipulador pela coisa em si relegada à irracionalidade. Desse modo, o sujeito epistemológico kantiano ficaria isolado numa atitude puramente receptiva ou puramente contemplativa em relação ao real, calcada no modelo das ciências da natureza (em particular, as matemáticas) e de suas experimentações. Foi Hegel quem quebrou o círculo de ferro dentro do qual Kant havia encerrado a razão e que aboliu o muro entre o mundo fenomenal e o mundo numenal, dinamizando as categorias. O autor da *Fenomenologia do espírito* abriu o caminho ao substrato e à própria matéria dos processos (e, portanto, à verdadeira ação transformadora) e, sobretudo, à apreensão da *totalidade*. O estudo "Methodisches zur Organisationsfrage" [Observações metodológicas a respeito da questão da organização][1], incluído em *História e consciência de classe*, no qual o filósofo alude às famosas críticas dirigidas por Hegel à teoria kantiana do conhecimento para apoiar Trotski contra Kautsky, oferece um exemplo muito característico do modo como Lukács utilizava as categorias filosóficas em seu combate ideológico e político. Kant aparecia aí como um filósofo da contemplação, garantia da estabilidade das categorias, e Kautsky, defensor da estabilidade das categorias do capitalismo, era colocado entre seus partidários, ao passo que os bolcheviques, cuja agitação revolucionária abria caminho a um futuro radicalmente novo, encontravam-se do lado de uma filosofia de tipo hegeliano.

Na época em que redigia os textos reunidos em *História e consciência de classe*, Lukács estava tomado de certa exaltação e impaciência revolucionárias. Arrastado no turbilhão de seu dinamismo dialético, ele rejeitava a ideia de uma heterogeneidade entre o pensamento e o real, entre o sujeito e o objeto, questionando de maneira radical a tese clássica da *adaequatio rei et intellectus*, e, portanto, a famosa "teoria do reflexo" (*Abbildtheorie*). Essa teoria lhe parecia, então, a expressão da vivência em um mundo reificado e imobilizado. Segundo o autor, ela fazia justiça à apreensão do mundo das *coisas*, mas não ao mundo dos *processos*. O devir – e, sobretudo, o devir finalista, a evolução em direção à realização hegeliana da "*wahre Wirklichkeit*" – escapava-lhe inteiramente (a fragilidade dessa posição filosófica ficaria clara para Lukács mais tarde, quando ele compreenderá que levar em conta as *possibilidades*, as *latências* e as *virtualidades* do real não seria de modo nenhum incompatível com a ideia de *mimesis* no plano gnosiológico).

Estreitamente associada à negação da teoria do reflexo estava a rejeição da simples ação de transformação da natureza (o experimento ou a indústria, por

---

[1] Título da tradução francesa de *História e consciência de classe*. Na tradução portuguesa, encontramos "Observações metodológicas sobre a questão da organização", alternativa muito próxima à da edição espanhola.

exemplo, enfatizadas por Engels) como formas verdadeiras de práxis. Nesse ponto em especial, a posição de Lukács oferecia visivelmente o flanco às críticas de seus adversários, Rudas e Deborin. Na época, seu ativismo e seu voluntarismo revolucionário se traduziam filosoficamente por um "sociocentrismo" acentuado, que absolutizava a *mediação social* da consciência e, sobretudo, sua vocação transformadora. A consequência paradoxal dessa posição era tanto a rejeição da ideia de uma "dialética da natureza" como a classificação da ação sobre a natureza na categoria das condutas por excelência contemplativas (uma vez que estavam fundadas na obediência e na submissão a leis preexistentes) e não eminentemente práticas.

A tese de que "a natureza é uma categoria social" retorna como um *leitmotiv* nos estudos de *História e consciência de classe*; ela exprime menos uma desconfiança em relação à autonomia ontológica da natureza, soberanamente indiferente em sua estrutura profunda a qualquer forma de existência social, do que uma significativa resistência à ideia de uma relação direta, não afetada pela mediação social, do sujeito cognitivo com a natureza.

Lukács acreditava poder se apoiar na autoridade de Marx para defender sua tese de que o conhecimento da natureza nunca é um *processo imediato* no qual o sujeito desempenha o papel de simples espelho do objeto, mas um processo no qual *categorias sociais* determinadas, aquelas do sujeito, têm seu lugar. Ele citava, a propósito, uma carta de Marx a Engels. Darwin teria encontrado, dizia Marx, no mundo dos vegetais e dos animais, a sociedade inglesa de seu tempo, com sua divisão do trabalho, sua concorrência e sua "luta pela sobrevivência" de tipo maltusiano; era o *bellum omnium contra omnes* de Hobbes ou "o reino animal do espírito", descrito por Hegel na *Fenomenologia do espírito*, com a diferença de que em Darwin o reino animal representava a sociedade burguesa[2]. Por mais sugestiva e agradável que tenha sido a afirmação de Marx, a utilização que Lukács fazia dela não era menos contestável. O *conteúdo de verdade* da teoria darwiniana da seleção natural era um dado objetivo, que se impunha ao sujeito epistêmico como uma lei da natureza, inteiramente indiferente ao surgimento da sociedade humana em geral e à sociedade burguesa em particular (essa verdade tinha um caráter "desantropomorfizador", diria o Lukács tardio). Acontece que a presença de um *horizonte categorial* determinado, inscrição

---

[2] György Lukács, *Chvostismus und Dialektik* (Budapeste, Áron, 1996), p. 52. [Ver, neste volume, p. 93 – N. E.]

136 | Posfácio

da realidade sócio-histórica no interior do sujeito, desempenha um papel na apreensão da natureza (as categorias constitutivas da sociedade burguesa inglesa na visão darwinista da natureza), mas daí a afirmar, como fazia Lukács, que as leis estabelecidas pelas ciências da natureza, no início da era moderna, não são mais do que uma projeção sobre a natureza da racionalização capitalista, há uma distância que não pode ser ultrapassada.

Mas é claro que a essência da questão em debate não era epistemológica. E é bom lembrar, neste contexto, que em suas posteriores tomadas de posição, às vezes muito críticas em relação a seu livro de juventude *História e consciência de classe*, Lukács insistia sempre naquilo que lhe aparecia como um plano cheio de consequências: a redução do marxismo a uma *Sozialphilosophie*, a uma filosofia da sociedade, e portanto uma minimização indevida da reflexão sobre a natureza (a negação da existência de uma "dialética da natureza" era sempre evocada como principal ilustração desse erro).

Essa obstinação em acentuar o problema da *natureza* e de uma filosofia da natureza, quando se concorda, de modo geral, que o caráter inovador do pensamento de Marx refere-se à sociedade e à teoria do ser social, poderia espantar. Mas a resposta a essas questões leva ao coração do debate sobre a ontologia do sujeito. O Lukács de *História e consciência de classe* desconfiava profundamente do sujeito como espelho do mundo, ideia calcada na epistemologia das ciências da natureza, já que ela lhe parecia uma recaída no caráter contemplativo do sujeito, não podendo dar conta de sua inventividade e de sua criatividade revolucionária. Daí sua recusa em aceitar a tese de Engels (que tinha citado o "experimento" e a "indústria" como exemplos representativos da práxis) e, sobretudo, o interdito oposto à tese do mesmo Engels, segundo a qual os sucessos técnicos na ação sobre a natureza (por exemplo, a fabricação da alizarina) constituiriam, por eles mesmos, a melhor refutação da tese kantiana da impossibilidade de conhecer a coisa em si. Lukács tinha outra ideia da práxis, que lhe parecia inteiramente incompatível com o pragmatismo estreito. O que lhe repugnava especialmente nos exemplos dados por Engels era a redução do sujeito ao papel de autoconhecimento do objeto, era a ocultação da emergência das virtualidades específicas do sujeito, das quais a práxis revolucionária lhe aparecia como a melhor ilustração. Seus adversários, Rudas e Deborin, não deixavam de acusá-lo de idealismo, explorando ruidosamente, como guardiães da ortodoxia, sobretudo as infidelidades em relação ao pensamento de Engels. Mas, em seu texto de resposta, redigido, lembremo-nos, em 1925-1926, Lukács defendia suas posições, argumentando que não é possível fazer justiça ao caráter não contemplativo do materialismo de Marx enquanto se colocarem como práxis condutas nas quais o sujeito apenas se curva ante as formas do objeto. Sua inquietação visava à "reificação" do sujeito; supõe-se que ele desconfiava que as teses acima mencionadas levavam água ao moinho do "cientificismo" e do "positivismo" da social-democracia da época.

Mais tarde, em seu prefácio de 1967, Lukács iria propor uma reconsideração do conjunto de sua posição, formulando juízos nuançados sobre cada um dos pontos em questão. Aí o filósofo procedia de fato a uma reconstrução de seu percurso político e filosófico, indicando claramente quais eram, segundo ele, os méritos e os erros do livro.

Mas no correr dos anos, *História e consciência de classe* suscitou tantas discussões e controvérsias que não podemos deixar de nos interrogar sobre a tumultuada posteridade do livro; sem dúvida, a "virada ontológica" interveio no pensamento do autor, como o demonstram suas últimas obras; e sobretudo *Para uma ontologia do ser social*, o *terminus ad quem* de sua reflexão sobre os fundamentos do marxismo, tem um peso especial.

Maurice Merleau-Ponty, entre tantos outros, faria, em *As aventuras da dialética**, o elogio do autor de *História e consciência de classe*, justamente pela energia com que ele teria valorizado a irredutibilidade da práxis em relação ao puro saber teórico, a força da emergência do sujeito e sua capacidade de transgredir o dado em relação a todo determinismo e todo cálculo. "A *Stimmung* de Lukács e, acreditamos nós, do marxismo" – escrevia Merleau-Ponty concluindo o capítulo sobre o marxismo "ocidental" de seu livro – "é pois a convicção de estar, não na verdade, mas no limiar da verdade, que está bem próxima, apontada por todo o passado e todo o presente, e a uma distância infinita de um futuro que está por ser feito."[3] Mais tarde, Cornelius Castoriadis, em *A instituição imaginária da sociedade***, mas também Guy Debord, em *A sociedade do espetáculo****, tomariam o mesmo caminho. Castoriadis, que, apesar das reservas expressas muitas vezes em seu livro (e sobre as quais seria preciso retornar um dia), inspirou-se muito em Lukács (suas teses sobre

---

*   Trad. Claudia Berliner, São Paulo, Martins Fontes, 2006. (N. E.)

[3] Maurice Merleau-Ponty, *Les aventures de la dialectique* (Paris, Gallimard, 1955), p. 82.

** Trad. Guy Reynoud, São Paulo, Paz e Terra, 1982. (N. E.)

*** Trad. Estela dos Santos Abreu, Rio de Janeiro, Contraponto, 1997. (N. E.)

138 | Posfácio

a historicidade das categorias do ser social ou sobre a livre criatividade da ação revolucionária, por exemplo, têm a ver com essa inspiração), acentua "a profundidade e o rigor"[4] de certas análises de Lukács, que ele considera um dos marxistas mais originais; mas o elogio se refere apenas ao jovem autor de *História e consciência de classe* e deixa de lado a obra da maturidade.

Lukács levou um tempo para reconsiderar algumas teses de *História e consciência de classe*. O texto recentemente descoberto mostra que em 1925-1926 ele ainda continuava com suas antigas posições (embora nuançando algumas delas, por exemplo, sobre a dialética da natureza, cuja existência ele não mais contestava). Sua evolução filosófica posterior, no entanto, foi de encontro a um muro de hostilidade, de desconfiança e de incompreensão por parte de muitos admiradores de seu primeiro livro marxista, como o mostra o exemplo muito claro de Maurice Merleau-Ponty, antes citado. Mas o percurso filosófico de Lukács adquire todo o seu relevo se o comparamos justamente com o de seus antigos admiradores. Se Merleau-Ponty e Castoriadis se distanciaram progressivamente do pensamento de Marx, até chegar a questionar seus fundamentos filosóficos, é porque este lhes pareceu atravessado (de modo particular na maioria de seus sucessores) por aporias, dentre as quais aquela entre a forte valorização da práxis e a vontade doutrinária de sistema (a ambição de erigir um conjunto de categorias capazes de abarcar a totalidade do real) não era a menos importante. Lukács seguiu o caminho oposto, propondo-se a cavar em profundidade as implicações filosóficas das teses de Marx até fazer aparecer os lineamentos de uma verdadeira ontologia do ser social. A particularidade de sua posição está em que ele não pretendia renegar as aquisições válidas de seu livro *História e consciência de classe* (o antinaturalismo fundamental na interpretação do ser social, a poderosa revalorização da dialética hegeliana, o agudo sentido de historicidade das categorias, a irredutibilidade da práxis etc.), ao mesmo tempo que rearticulava o conjunto dessas categorias sobre um fundamento que lhe parecia mais sólido e mais rigoroso, aquele da ontologia como pensamento do ser e de suas categorias.

A aposta era audaciosa. Tomemos um exemplo. Lukács não parecia de modo nenhum pensar que o "práxis-centrismo" de Marx, que deveria servir de base para um pensamento da subjetividade viva e da interatividade criadora, estaria em contradição com seu programa de construir um saber de tipo científico, cujo

---

[4] Cornelius Castoriadis, *L'instituition imaginaire de la société* (Paris, Le Seuil, 1975), p. 45, 49 e 94 [ed. bras.: *A instituição imaginária da sociedade*, cit.].

corolário só poderia ser a hegemonia de uma razão tecnicista (é mais ou menos a objeção fundamental de Merleau-Ponty ao pensamento de Marx, retomada com mais força ainda por Castoriadis). É interessante observar que Merleau-Ponty expressava essa objeção apoiando-se na dicotomia entre práxis e pensamento contemplativo formulada por Lukács em *História e consciência de classe*:

> Apresentando-se como o reflexo daquilo que é, do processo histórico em si, o socialismo científico põe em primeiro plano o conhecimento que as Teses sobre Feuerbach punham em segundo plano, ele toma a postura de um saber absoluto, e ao mesmo tempo se autoriza a extrair da história, pela violência, um sentido que está lá, mas profundamente escondido. A mistura de objetivismo e subjetivismo extremos, um sustentando constantemente o outro, que define o bolchevismo, já está em Marx quando este admite que a revolução já está presente antes de ser reconhecida.[5]

Lukács certamente não pensava que sua fidelidade ao pensamento dialético era incompatível com sua conversão ao materialismo ontológico (cujo corolário gnosiológico era a teoria da *mimesis* ou do reflexo) ou que aceitando seguir Marx em seu "realismo ingênuo" (do qual o socialismo científico teria sido a expressão sociológica), teria recaído, segundo a expressão de Merleau-Ponty, em uma "gnosiologia pré-hegeliana e mesmo pré-kantiana"[6].

O interesse do Lukács da maturidade por uma ontologia da natureza, como preparação à construção de uma ontologia do ser social, ficou muito incompreendido. Para ele, não se tratava de uma redução da sociedade ao *status* de uma "segunda natureza", e portanto de uma "naturalização" da sociedade, mas, pelo contrário, de definir sua heterogeneidade qualitativa. Identificando na *teleologische Setzung* [posição teleológica] o "fenômeno originário" e o germe inicial da vida social (sendo o trabalho a primeira expressão disto), ele conservava a ideia da preeminência da práxis como célula geradora da sociedade. A novidade em relação às posições expressas em *História e consciência de classe* era o fato de levar em conta a *causalidade* como fundamento ontológico da práxis, a demonstração de que não havia atividade finalista sem a apropriação das redes causais objetivas.

Merleau-Ponty estava convencido de que a virada de Lukács em direção ao "realismo" ontológico comprometia seu pensamento dialético, que suas

---

[5] Maurice Merleau-Ponty, *Les aventures de la dialectique*, cit., p. 128 [ed. bras.: *As aventuras da dialética*, cit.].

[6] Ibidem, p. 93.

140 | Posfácio

concessões ao "naturalismo" filosófico (por exemplo, a aceitação de uma "dialé-tica da natureza" ou de uma "dialética objetiva") entravam em contradição com a teoria viva da subjetividade desenvolvida em *História e consciência de classe*[7]. De fato, Lukács recusava-se a se deixar encerrar dentro do dilema do "naturalismo" e do "sociocentrismo": consciência-epifenômeno ou consciência criadora. Colocando a ênfase na autonomia ontológica da natureza, ele se pro-punha a ancorar solidamente a gênese das aptidões e das faculdades humanas na interação viva entre a multiplicidade das propriedades da natureza, e portanto, a propor uma interpretação genético-ontológica do devir do ser humano, e não a dissolver a especificidade deste no "naturalismo". A aceitação da "dialética da natureza" (contestada em *História e consciência de classe*) não pretendia ocultar a especificidade da dialética social, mas mostrar a mistura *sui generis* de continuidade e descontinuidade que existia entre elas, a identificar na primeira os elementos de uma "pré-história" da segunda.

Pode-se dizer que a ontologia do ser social proposta por Lukács represen-ta, em relação à antinomia construída por Merleau-Ponty, um *tertium datur* entre o objetivismo do "leninismo filosófico" e um pensamento dialético vivo (que faz justiça aos paradoxos e às ambiguidades da subjetividade), entre o marxismo do *Pravda* e o *marxismo ocidental*, do qual *História e consciência de classe* teria sido uma das obras fundadoras.

Posterior dois ou três anos à publicação de *História e consciência de classe*, o texto recentemente descoberto tem sobretudo um valor documental, que ilustra o caminhar do pensador em direção a uma interpretação convincente do pensamento filosófico de Marx; é uma etapa de seu longo percurso para se apropriar do marxismo. Alguns anos mais tarde, no começo dos anos 1930, após a descoberta dos *Manuscritos econômico-filosóficos**, de 1844, o filósofo faria uma nova refundação de sua interpretação de Marx, liberada do que ele considerava serem os erros maiores do período anterior (ao qual, claro, também pertence o texto em questão), interpretação que iria desembocar, três décadas mais tarde, na elaboração de *Para uma ontologia do ser social*.

Como elo de uma longa cadeia, o texto de 1925-1926 aparece recheado de teses discutíveis (essencialmente as mesmas de *História e consciência de classe*), de aproximações e de tateios, mas também impregnado de uma

---

[7] Ibidem, p. 101.

* Trad. Jesus Ranieri, São Paulo, Boitempo, 2004. (N. E.)

poderosa inspiração dialética, que era o que chocava precisamente os guardiães do cientificismo e do determinismo da ortodoxia marxista da época. Se seus adversários o acusavam de "idealismo" e de "subjetivismo" ou de "agnosticismo", era exatamente porque ele pretendia conceder um lugar importante à criatividade e ao poder de invenção do sujeito no devir histórico, era porque ele sublinhava com força a preeminência da *totalidade* sobre as análises setoriais ou parciais, rejeitando vigorosamente a assimilação do pensamento de Marx por uma "sociologia" de tipo positivista, era porque defendia um historicismo radical, contra toda interpretação *naturalista* da vida social. Se, por outro lado, as críticas de Deborin, por exemplo, apontavam fraquezas reais do livro, era porque, na época, como já dissemos, Lukács ainda não tinha consciência clara do peso da natureza no intercâmbio orgânico com a sociedade e, portanto, do papel fundador do trabalho na construção do ser social.

As críticas de Rudas e Deborin são um exemplo dos obstáculos que um movimento político cada vez mais invadido pelo sectarismo e pelo dogmatismo levantava no caminho de um pensador que procurava desenvolver uma reflexão filosófica autônoma. O próprio caráter extremamente datado do texto de Lukács não deixa de ter relação com essa situação; embora defendendo suas mais inovadoras ideias, o filósofo entrava no jogo imposto pelo contexto político da época. Não esqueçamos que a pretexto de discutir as "heresias" das quais Lukács era culpado em relação ao materialismo (de fato, um determinismo cientificista redutor e simplista), o texto de Rudas, por exemplo, no qual cada frase era uma denúncia do pensador "eclético", "místico" e dependente de filósofos "burgueses" como Max Weber, Rickert ou Simmel, visava mostrar que Lukács era um filósofo pouco confiável para representar o pensamento marxista no interior do movimento comunista. Zinoziev, por outro lado, lançando o anátema sobre o livro em seu discurso diante da Internacional Comunista, em 19 de junho de 1924, apoiava-se explicitamente em uma carta de Rudas. Este tinha abandonado a fração da qual fazia parte, com Lukács, no Partido Comunista Húngaro, com o pretexto de recusar-se a caucionar a dissolução do marxismo levada a efeito por seu antigo companheiro de luta. (Assim, Rudas passava com armas e bagagens para o campo de Bela Kun, adversário tenaz de Lukács e que se beneficiava da proteção de Zinoziev.) Desse modo, são revelados os subterrâneos políticos daquilo que, à superfície, aparecia como uma controvérsia filosófica sobre os princípios fundadores do marxismo.

142 | Posfácio

Lukács, por sua vez, em seu texto de resposta (que, relembro, nunca foi publicado) contra-atacava seus adversários, apontando, por exemplo, no extremamente ortodoxo Rudas a existência de um *kantismo* larvar, fonte de sua obstrução à ideia hegeliana de totalidade; ou estabelecendo uma conexão entre o "naturalismo" filosófico de Deborin em sua interpretação monolítica do pensamento de Marx e seu antigo "menchevismo", isto é, sua incapacidade de fazer justiça à criatividade do sujeito revolucionário.

No entanto, falando do caráter datado do texto de Lukács, também pensamos em seu conteúdo filosófico propriamente dito. Como já mencionamos, o isomorfismo estabelecido em *História e consciência de classe* entre o pensamento kantiano e o pensamento calculador e instrumental parece-nos uma tese bastante contestável na medida em que o pensamento kantiano não se deixa reduzir ao esquema sociológico da racionalidade burguesa (o alcance da teoria kantiana do conhecimento excede em muito o horizonte da racionalidade instrumental). A ideia de que a dualidade kantiana entre os "fenômenos" e a coisa em si, entre o mundo fenomenal e o mundo numenal, seria abolida pelo surgimento da consciência revolucionária de uma classe (o proletariado) capaz de abarcar a *totalidade* da realidade nos parece também um fantasma filosófico. O filósofo se apoiava, com razão, nas críticas formuladas por Hegel à tese kantiana da coisa em si, mas, atribuindo ao proletariado a vocação de encarnar na história a identidade entre o sujeito e o objeto, ele realizava, como o diria mais tarde de modo autocrítico, uma "superhegelianização" de Hegel [*ein Überhegeln Hegels*]. O problema metafísico da coisa em si não pode ser resolvido em termos sociológicos, evocando uma classe capaz de superar todas as barreiras na aproximação cognitiva do real. Trata-se de apresentar uma argumentação estritamente filosófica, de caráter ontológico e epistemológico, tarefa da qual o próprio Lukács se encarregaria em seu período de maturidade.

História e consciência de classe, apesar de seus limites e de certas teses contestáveis (ou, por aparente paradoxo, muitas vezes graças a essas teses), teve profunda influência sobre a esquerda intelectual da época. Walter Benjamin, entre os primeiros, reconhece em suas cartas de 1924-1925 a sedução exercida sobre ele por essa obra. Ele também se mostra aí muito interessado nas críticas da ortodoxia comunista (tinha levado consigo para Paris os textos de Rudas e Deborin, como se comprova por uma carta enviada em 1926 a Scholem). Ainda alguns anos mais tarde, em 1929, em um resumo muito elogioso, ele evocava a polêmica desencadeada "pelas instâncias do Partido Comunista" aproveitando para sublinhar o caráter filosófico do livro[8]. Adorno também parecia, nessa época, cativado por Lukács; em uma carta a Alban Berg, de junho de 1925, declarava que o autor de *História e consciência de classe* tinha exercido sobre ele, do ponto de vista intelectual, uma influência mais profunda do que qualquer outra filosofia[9]. De modo aparentemente surpreendente, Siegfried Kracauer se mostrava disposto a dar razão aos adversários comunistas de Lukács ("Rudas e Deborin, por mais limitados que sejam, têm inconscientemente muita razão contra Lukács" – escrevia ele em maio de 1926 a Ernst Bloch), enquanto seu correspondente tomava partido de maneira exaltada por Lukács. Em sua resposta a Kracauer, Ernst Bloch dizia que as profundezas do livro ficavam inacessíveis ao materialismo limitado destes "críticos subalternos"[10]. Indignado com o hegelianismo impenitente de Lukács, Kracauer, que na época se sentia mais próximo do materialismo francês de Helvetius e de Holbach ou do empirismo de Locke, desejava uma refundação do marxismo nessa base (a ideia de "totalidade" de Lukács lhe parecia uma construção especulativa, e considerava sua tese sobre o "conjunto da personalidade" – *Gesamtpersönlichkeit* – reacionária!), enquanto Bloch defendia com ardor justamente a poderosa reatualização de Hegel. Herbert Marcuse, por sua vez, em seus primeiros textos, publicados no final dos anos 1920, julgava o livro inovador e denunciava o caráter "primitivo" das acusações apresentadas sob o título de "metafísica"[11].

A posteridade de *História e consciência de classe* conheceu um novo episódio importante com a eclosão do pensamento de Jürgen Habermas, filósofo que pertence à segunda geração da Escola de Frankfurt e que nunca deixou de sublinhar o que deve a essa obra de Lukács. Basta lembrar o grande capítulo que ele consagra àquilo que chama de "o marxismo weberiano" em seu livro

---

[8] Walter Benjamin, "Bücher die lebendig geblieben sind", em *Die literarische Welt*, n. 20, 1929, p. 6. Carta de Benjamin a Scholem, 5 abr. 1926, em Walter Benjamin, *Gesammelte Briefe*, v. 3: *1925-1930* (Frankfurt, Suhrkamp, 1997), p.132-5.

[9] Cf. Henri Lonitz (org.), *Theodor W. Adorno und Alban Berg Briefwechsel, 1925-1935* (Frankfurt, Suhrkamp, 1997), p. 17-8.

[10] Cf. Ernst Bloch, *Briefe* (Frankfurt, Suhrkamp, 1985), p. 272-85. Kracauer, em carta de 29 de junho de 1926 (p. 282), faz referência não somente às críticas de Rudas e Deborin, mas afirma esperar a resposta de Lukács, da qual tinha ouvido falar (por Adorno?).

[11] Herbert Marcuse, "Zum Problem der Dialektik", em *Die Gesellschaft*, n. 2, 1930, p. 15-30; reproduzido na coletânea publicada em 1981 pelos Arquivos Lukács de Budapeste, *A Filozofiai Figyelö*, v. 3, p. 174-94. Ver, em especial, p. 193.

144 | Posfácio

Teoria do agir comunicativo*. Encontramos aí longos desenvolvimentos sobre o pensamento lukacsiano da reificação, na qual o autor vê o cerne do "marxismo ocidental" (a fórmula é emprestada de Merleau-Ponty), o fundamento da obra de Adorno, da crítica da razão instrumental em Horkheimer e de seu próprio pensamento.

Não temos aqui a possibilidade de aprofundar a questão das relações entre a filosofia de Habermas e o pensamento do jovem Lukács (segundo o testemunho do próprio Habermas, são muito estreitas). Contentar-nos-emos, à guisa de conclusão, em levantar um só problema, que diz respeito muito mais à evolução filosófica profundamente divergente dos dois pensadores. Trata-se, em essência, de comparar a "virada ontológica" feita pelo pensamento de Lukács, e concretizada em sua grande *Para uma ontologia do ser social*, com aquilo que poderíamos chamar de "virada comunicacional" ocorrida no pensamento de Habermas, que decidiu substituir o "paradigma do trabalho" pelo "paradigma da comunicação" como fundamento de sua filosofia social.

Habermas consagra longas análises, em sua *Teoria do agir comunicativo*, à multiplicidade dos constrangimentos que pesam sobre os indivíduos nas sociedades do capitalismo avançado, e para isso se apoia na crítica lukacsiana da "reificação". Mas Lukács lhe serve apenas de ponto de partida (um Lukács lido através da crítica weberiana da "racionalização capitalista") para suas próprias análises, poderosas e originais, sobre os mecanismos de assujeitamento dos indivíduos às forças heterônomas, quer se trate de "meios reguladores", do dinheiro ou do poder, ou de uma expansão da "forma jurídica" das relações sociais. Descrevendo o que ele chama de "colonização do mundo vivido" pelas forças heterônomas do "sistema" (ou, segundo outra fórmula, "a disjunção entre sistema e mundo vivido"), Habermas julga necessário tomar distância de Marx, mas também de Lukács. Parece-lhe que formas de racionalização do mundo vivido na modernidade já não podem ser explicadas apenas em termos de relações de classe. Buscando identificar "uma nova espécie de efeitos de reificação, não específicos de classes sociais"[12], Habermas abandona o conceito de "consciência de classe", que tinha um papel tão importante em Marx e Lukács. "Diante de uma oposição de classe pacificada pelo Estado social e diante

---

* Trad. Paulo Astor Soethe e Flávio Beno Siebeneichler, São Paulo, Martins Fontes, 2012, 2 v.

[12] Jürgen Habermas, *Théorie de l'agir communicationnel*, v. 2 (Paris, Fayard, 1987), p. 384 [ed. bras.: *Teoria do agir comunicativo*, cit.].

de uma estrutura de classe que se tornou invisível, a teoria da consciência de classe perde sua base empírica. Ela não pode mais ser aplicada numa sociedade onde os mundos vividos estritamente específicos das classes sociais são cada vez menos identificáveis"[13]. Habermas pretende, portanto, abandonar o conceito de "consciência de classe", que não pode mais definir as contradições do mundo moderno (e ele lembra que Horkheimer e Adorno já o tinham abandonado). O modelo de inteligibilidade da modernidade que ele propõe será muito mais a contradição entre os imperativos do "sistema" e os do "mundo vivido", entre as exigências da "razão funcionalista" e as da intercompreensão viva dos indivíduos. A "autonomia do mundo vivido" não se deixaria definir em termos de racionalidade instrumental ou teleológica, mas somente em termos de racionalidade comunicacional, cujo único depositário autêntico é a linguagem.

Comparando a teoria lukacsiana da vida social, tal como é desenvolvida em sua *Para uma ontologia do ser social*, e aquela de Habermas, exposta em *Teoria do agir comunicativo*, percebemos que, apesar das profundas diferenças, e até da oposição que existe entre suas abordagens filosóficas, há certa convergência. Essa convergência, que se refere à finalidade última atribuída ao processo de reprodução da sociedade moderna, deve-se justamente ao fato de que Habermas busca sua inspiração na crítica lukacsiana da reificação: o conceito de "vida intacta" [*unversehrtes Leben*] ou de vida não pervertida pelas forças colonizadoras do sistema encontra, assim, a exigência lukacsiana de uma vida não manipulada e não alienada [*nichtentfremdetes Leben*] expressa com força no capítulo final da *Ontologia*. É claro que sabemos que para formular os conceitos de "intersubjetividade viva", de "reprodução simbólica do mundo vivido" ou de vida "não mutilada" [*nicht-verfehltes Leben*], Habermas preconiza o abandono da filosofia clássica do sujeito (compartilhada, segundo ele, por Kant, Marx, Lukács e até Adorno) e busca pontos de apoio de preferência no pragmatismo estadunidense e na moderna filosofia da linguagem, enquanto Lukács permanece fiel ao conceito marxiano de *generidade* [*Gattungsmäßigkeit*] e propõe uma distinção entre o gênero humano em si e o gênero humano para si. O *aggiornamento* realizado por Habermas será mais convincente do que a filosofia marxista do sujeito desenvolvida por Lukács em *Para uma ontologia do ser social* e suas distinções entre objetivação, exteriorização, reificação, alienação, existência particular e existência genérica?

---

[13] Ibidem, p. 387.

Habermas quer substituir o paradigma da racionalidade teleológica pelo da racionalidade comunicacional, abandonando a concepção hegeliana e marxiana de sujeito[14]. Lukács, pelo contrário, acreditava ser possível fundar uma ontologia do ser social na ideia de racionalidade teleológica e mostrava como as formas mais evoluídas e mais sutis da intersubjetividade se desenvolvem a partir do processo de produção e de reprodução da vida social. Sempre fiel a Marx, Lukács, falando das contraforças e das contratendências que se desenvolvem no interior da racionalidade capitalista, exige uma reformulação do conceito de "consciência de classe", para adaptá-lo às mudanças acontecidas nas sociedades evoluídas do capitalismo contemporâneo, em vez de seu abandono[15]. O velho filósofo, que havia muito tempo deixara para trás o "messianismo sectário", presente ainda em *História e consciência de classe*, exigia o desenvolvimento de uma consciência anticapitalista a partir do tecido muito diferenciado e muito heterogêneo das sociedades modernas, lamentando no fim de sua vida a ausência de uma verdadeira análise marxista dessas estruturas novas. Pode-se, portanto, dizer, sem subestimar o alcance inovador das análises de Jürgen Habermas, que o pensamento da "velha esquerda" simbolizada pela obra de Lukács está longe de ter perdido sua vitalidade e esgotado suas potencialidades. A "época metafísica" da esquerda, denominação com a qual são designados ironicamente aqueles que sempre se apoiam nas categorias filosóficas e sociológicas de Marx para pensar as sociedades modernas, pode reservar surpresas aos espíritos que têm pressa de enterrá-la.

Nicolas Tertulian

---

[14] Cf. Jürgen Habermas, *Die Neue Unübersichtlichkeit* (Frankfurt, Suhrkamp, 1985), p. 244. Segundo Habermas, a concepção hegeliano-marxiana estaria baseada nas ideias de exteriorização [*Entäusserung*] e de reapropriação das forças essenciais do homem.

[15] Cf. Carta de Lukács a István Mészáros (20 jul. 1970), em István Mészáros (org.), *Aspekte von Geschichte und Klassenbewusstsein* (Munique, List, 1972), p. 7.

Obras de György Lukács publicadas no Brasil

Ensaios sobre literatura. Coordenação e prefácio de Leandro Konder; tradução de Leandro Konder et al. Rio de Janeiro, Civilização Brasileira, 1965 [2. ed.: 1968]. Reúne os seguintes ensaios: "Introdução aos escritos estéticos de Marx e Engels", "Narrar ou descrever?", "Balzac: Les Illusions perdues", "A polêmica entre Balzac e Stendhal", "O humanismo de Shakespeare", "Dostoiévski", "O humanismo clássico alemão: Goethe e Schiller" e "Thomas Mann e a tragédia da arte moderna".

Existencialismo ou marxismo? Tradução de José Carlos Bruni. São Paulo, Senzala, 1967 [2. ed.: São Paulo, Ciências Humanas, 1979].

Introdução a uma estética marxista. Tradução de Carlos Nelson Coutinho e Leandro Konder. Rio de Janeiro, Civilização Brasileira, 1968 [3. ed.: 1977].

Marxismo e teoria da literatura. Seleção e tradução de Carlos Nelson Coutinho. Rio de Janeiro, Civilização Brasileira, 1968 [2. ed.: São Paulo, Expressão Popular, 2010]. Reúne os seguintes ensaios: "Friedrich Engels, teórico e crítico da literatura", "Marx e o problema da decadência ideológica", "Tribuno do povo ou burocrata?", "Narrar ou descrever?", "A fisionomia intelectual dos personagens artísticos", "O escritor e o crítico", "Arte livre ou arte dirigida?" e "O problema da perspectiva".

Realismo crítico hoje. Tradução de Ermínio Rodrigues; introdução de Carlos Nelson Coutinho. Brasília, Coordenada, 1969 [2. ed.: Brasília, Thesaurus, 1991].

Conversando com Lukács. Tradução de Giseh Vianna Konder. Rio de Janeiro, Paz e Terra, 1969. Entrevista concedida a Hans Heinz Holz, Leo Kofler e Wolfgang Abendroth.

Ontologia do ser social. A verdadeira e a falsa ontologia de Hegel. Tradução de Carlos Nelson Coutinho. São Paulo, Ciências Humanas, 1979.

148 | Obras de György Lukács publicadas no Brasil

Ontologia do ser social. Os princípios ontológicos fundamentais de Marx. Tradução de Carlos Nelson Coutinho. São Paulo, Ciências Humanas, 1979.

Lukács. Organização de José Paulo Netto; tradução de José Paulo Netto e Carlos Nelson Coutinho. São Paulo, Ática, 1981. Grandes Cientistas Sociais (série "Sociologia"), v. XX. Reúne o ensaio "O marxismo ortodoxo", extratos de *Para uma ontologia do ser social*, do ensaio "Marx e o problema da decadência ideológica" e do capítulo "A sociologia alemã do período imperialista" de *A destruição da razão*, parte do prefácio a *História do desenvolvimento do drama moderno*, o texto "Nota sobre o romance" e um excerto de *Introdução a uma estética marxista*.

Pensamento vivido: autobiografia em diálogo. Tradução de Cristina Alberta Franco. São Paulo/Viçosa, Ad Hominem/Universidade Federal de Viçosa, 1999. Entrevistas concedidas a István Eörsi e Erzsébet Vezér.

A teoria do romance. Tradução, posfácio e notas de José Marcos Mariani de Macedo. São Paulo, Editora 34/Duas Cidades, 2000.

História e consciência de classe: estudos sobre a dialética marxista. Tradução de Rodnei Nascimento. São Paulo, WMF Martins Fontes, 2003.

O jovem Marx e outros escritos de filosofia. Organização, apresentação e tradução de Carlos Nelson Coutinho e José Paulo Netto. Rio de Janeiro, Editora da UFRJ, 2007 [2. ed.: 2009]. Reúne: "Concepção aristocrática e concepção democrática do mundo", "As tarefas da filosofia marxista na nova democracia", "O jovem Hegel: os novos problemas da pesquisa hegeliana", "O jovem Marx: sua evolução filosófica de 1840 a 1844", "A responsabilidade social do filósofo" e "As bases ontológicas do pensamento e da atividade do homem".

Socialismo e democratização: escritos políticos 1956–1971. Organização, apresentação e tradução de Carlos Nelson Coutinho e José Paulo Netto. Rio de Janeiro, Editora da UFRJ, 2008 [2. ed.: 2010]. Reúne: "Meu caminho para Marx", "A luta entre progresso e reação na cultura de hoje", "O processo de democratização", "Para além de Stalin" e "Testamento político".

Arte e sociedade: escritos estéticos 1932–1967. Organização, apresentação e tradução de Carlos Nelson Coutinho e José Paulo Netto. Rio de Janeiro, Editora da UFRJ, 2009 [2. ed.: 2010]. Reúne: "A estética de Hegel", "Introdução aos escritos estéticos de Marx e Engels", "Nietzsche como precursor da estética fascista", "A questão da sátira", "O romance como epopeia burguesa", "A característica mais geral do reflexo lírico" e "Sobre a tragédia".

Prolegômenos para uma ontologia do ser social. Tradução de Lya Luft e Rodnei Nascimento; prefácio e notas de Ester Vaisman e Ronaldo Vielmi Fortes; posfácio de Nicolas Tertulian. São Paulo, Boitempo, 2010.

O romance histórico. Tradução de Rubens Enderle; apresentação de Arlenice Almeida da Silva. São Paulo, Boitempo, 2011.

Lenin: um estudo sobre a unidade de seu pensamento. Tradução de Rubens Enderle; apresentação e notas de Miguel Vedda. São Paulo, Boitempo, 2012.

Para uma ontologia do ser social I. Tradução de Carlos Nelson Coutinho, Mario Duayer e Nélio Schneider; revisão da tradução de Nélio Schneider; revisão técnica de Ronaldo Vielmi Fortes, com a colaboração de Ester Vaisman e Elcemir Paço Cunha; apresentação de José Paulo Netto. São Paulo, Boitempo, 2012. Reúne: "Neopositivismo e existencialismo", "O avanço de Nicolai Hartmann rumo a uma ontologia autêntica", "A falsa e a autêntica ontologia de Hegel" e "Os princípios ontológicos fundamentais de Marx".

Para uma ontologia do ser social II. Tradução de Nélio Schneider, com a colaboração de Ivo Tonet e Ronaldo Vielmi Fortes; revisão técnica de Ronaldo Vielmi Fortes, com a colaboração de Elcemir Paço Cunha; prefácio de Guido Oldrini. São Paulo, Boitempo, 2013. Reúne: "O trabalho", "A reprodução", "O ideal e a ideologia" e "O estranhamento".

A alma e as formas. Tradução e posfácio de Rainer Patriota; introdução de Judith Butler. Belo Horizonte, Autêntica, 2015. Reúne os ensaios "Sobre a forma e a essência do ensaio: carta a Leo Popper", "Platonismo, poesia e as formas: Rudolf Kassner", "Quando a forma se estilhaça ao colidir com a vida: Søren Kierkeggard e Regine Olsen", "Sobre a filosofia romântica da vida: Novalis", "Burguesia e *l'art pour l'art*: Theodor Storm", "A nova solidão e sua lírica: Stefan George", "Nostalgia e forma: Charles-Louis Philippe", "O instante e as formas: Richard Beer-Hofmann", "Riqueza, caos e forma: um diálogo sobre Laurence Sterne", "Metafísica da tragédia: Paul Ernst" e "Da pobreza de espírito: um diálogo e uma carta".

Biblioteca Lukács

Coordenador José Paulo Netto
Coordenador adjunto Ronaldo Vielmi Fortes

Próximos volumes

O jovem Hegel

Marx e Engels como historiadores da literatura

Goethe e seu tempo

O realismo russo na literatura universal (Problemas do realismo II)

Existencialismo ou marxismo

Estética

Pensamento vivido. Uma autobiografia em diálogo

Volumes publicados

2010

Prolegômenos para uma ontologia do ser social
Questões de princípio para uma ontologia hoje tornada possível

> *Tradução* Lya Luft e Rodnei Nascimento
> *Supervisão editorial* Ester Vaisman
> *Revisão técnica* Ronaldo Vielmi Fortes
> *Prefácio e notas* Ester Vaisman e Ronaldo Vielmi Fortes
> *Posfácio* Nicolas Tertulian

2011

O romance histórico

> *Tradução* Rubens Enderle
> *Apresentação* Arlenice Almeida da Silva

2012

Lenin
Um estudo sobre a unidade de seu pensamento
    Tradução Rubens Enderle
    Apresentação e notas Miguel Vedda

Para uma ontologia do ser social I
    Tradução Carlos Nelson Coutinho, Mario Duayer e Nélio Schneider
    Revisão da tradução Nélio Schneider
    Revisão técnica Ronaldo Vielmi Fortes, com a colaboração de Ester Vaisman e Elcemir
       Paço Cunha
    Apresentação José Paulo Netto

2013

Para uma ontologia do ser social II
    Tradução Nélio Schneider, com a colaboração de Ivo Tonet e Ronaldo Vielmi Fortes
    Revisão técnica Ronaldo Vielmi Fortes, com a colaboração de Elcemir Paço Cunha
    Prefácio Guido Oldrini

Capa da primeira edição de *História e consciência de classe* (1923), cujas críticas suscitaram a redação de *Reboquismo e dialética*

Publicado em 2015, noventa anos após a provável redação do texto original em alemão, que se manteve inédito por sete décadas, este livro, que permanece atual, foi composto em Revival565 BT, corpo 10,5/14,2, e impresso em papel Avena 80 g/m² pela Intergraf, em novembro, para a Boitempo, com tiragem de 3 mil exemplares.